संजीव शाह

संजीव शाह 'ओएसिस मूवमेंट' (इंडिया) के संस्थापक सदस्य हैं। उन्होंने व्यक्तित्व निर्माण एवं सामाजिक विकास से सम्बन्धित 100 से अधिक पुस्तक-पुस्तिकाओं का लेखन किया है, जिनकी लगभग 20 लाख प्रतियाँ प्रकाशित हो चुकी हैं। अंग्रेजी तथा कई भारतीय भाषाओं में उनकी पुस्तकों के अनुवाद हुए हैं। वे विद्यार्थियों तथा विभिन्न सरकारी संस्थाओं के लिए लीडरशिप कार्यक्रमों के प्रशिक्षक रहे हैं। किशोरों और युवाओं के लिए उन्होंने सलाहकार व मार्गदर्शक की महती भूमिका निभाई है। आयुर्वेद, दर्शन व अध्यात्म में उनकी गहरी रुचि है।

ई-मेल : sanjiv@oasismovement.in

ओमप्रकाश शुक्ल

ओमप्रकाश शुक्ल गुजरात आर्ट्स एंड कॉमर्स कॉलेज, अहमदाबाद में हिन्दी के अध्यापक हैं। उनकी दो पुस्तकें और कई आलेख प्रकाशित हैं। उन्होंने कई पुस्तकों का सम्पादन भी किया है।

भवदीय...
आपके बिगड़ैल विद्यार्थी

संकलन-सम्पादन
संजीव शाह

अनुवाद
ओमप्रकाश शुक्ल

राजकमल पेपरबैक्स

राजकमल पेपरबैक्स में
पहला संस्करण : 2023

राजकमल पेपरबैक्स : उत्कृष्ट साहित्य के जनसुलभ संस्करण

राजकमल प्रकाशन प्रा.लि.
1-बी, नेताजी सुभाष मार्ग, दरियागंज
नई दिल्ली-110 002
द्वारा प्रकाशित

शाखाएँ : अशोक राजपथ, साइंस कॉलेज के सामने, पटना-800 006
पहली मंजिल, दरबारी बिल्डिंग, महात्मा गांधी मार्ग, प्रयागराज-211 001

वेबसाइट : www.rajkamalprakashan.com
ई-मेल : info@rajkamalprakashan.com

यश प्रिंटोग्राफिक्स
नोएडा-201 301 (उत्तर प्रदेश)
द्वारा मुद्रित

मूल्य : ₹199

BHAVADIYE... AAPKE BIGDAIL VIDYARTHI
Edited & Compiled by Sanjiv Shah
Translated by Omprakash Shukla

ISBN : 978-93-95737-86-9

सभी शिक्षकों एवं शिक्षण की चिन्ता करनेवालों

की

अन्तरात्मा एवं संवेदनशीलता को

इस पुस्तक के सभी लेखक-लेखिकाओं के नाम काल्पनिक हैं। पत्र जिनको सम्बोधित किए गए हैं, उन शिक्षकों के नाम भी बदल दिए गए हैं। परन्तु सभी घटनाओं के वर्णन वास्तविक एवं सत्य हैं। विद्यार्थियों की अभिव्यक्ति में असन्तुलन या अविवेक हो सकता है, परन्तु उनकी व्यथा की सच्चाई में कोई शक नहीं कर सकता। फिर भी पाठक इस हकीकत से सहमत होंगे कि वाकई में विद्यार्थियों ने अपने दुःख की तीव्रता के सामने लेखन में बेहद संयम एवं शिष्टता दिखाई है।

क्रम

प्रस्तावना

सभी पीड़ित किशोर-किशोरियों के लिए

प्रिय दोस्तों,

सर्वप्रथम हमारे आमंत्रण को मान देकर जिन विद्यार्थी-मित्रों ने अपने हृदय की पीड़ा को व्यक्त करना स्वीकार किया और उसके लिए निष्ठापूर्वक प्रयत्न किए उन सबका आभार! आपके पत्रों का सम्पादन करते समय मेरी समझ में आया कि आपने वाकई में अपनी भावनाओं को कितने सुन्दर एवं प्रभावशाली ढंग से व्यक्त किया है। आप सभी को खूब-खूब अभिनन्दन! आपने केवल अपनी ही नहीं, लाखों बालकों की वेदना को वाणी दी है। आपने मात्र अपनी पीड़ा के लिए जवाबदेह शिक्षक को नहीं, ऐसे हजारों शिक्षकों को सम्बोधित किया है। यह वास्तव में बदनसीब घटना है कि आपके नाम एवं परिचय गुप्त रखे जा रहे हैं, जब कि आप सार्वजनिक अभिनन्दन एवं तालियों की आवाज के अधिकारी हैं।

सम्भवतः थोड़े वर्षों बाद इस पुस्तक के संस्करण होंगे, जब आपकी पढ़ाई पूरी हो चुकी होगी, उस समय आपका नाम प्रकाशित कर सकेंगे। अलबत्ता, शिक्षकों के नाम हम गुप्त ही रखेंगे। कारण यह है कि इस पुस्तक का उद्देश्य किन्हीं एक-दो शिक्षकों को निशाना बनाना या उनकी बदनामी करना नहीं है।

जिन विद्यार्थी-विद्यार्थिनियों को शिक्षकों की ओर से ऐसे अशोभनीय व्यवहार सहन करने पड़े हैं, उनको निम्नलिखित मार्गदर्शन देना मैं अपना कर्तव्य समझता हूँ।—

1. जमाना बहुत तेजी से बदल रहा है। यदि आपके साथ कुछ भी अनिष्ट या अन्यायपूर्ण होता है तो चुपचाप सहन न करें। तुरन्त ही अपने माता-पिता को उसकी पूरी जानकारी दें और अपनी वेदना बताएँ।
2. अगर आपको ऐसा लगता है कि माता-पिता नहीं समझेंगे, तो अपनी स्कूल के आचार्य अथवा ऐसे किसी एक शिक्षक (जिन पर आपको विश्वास हो) को विश्वास में लेकर उनके सम्मुख अपनी बात प्रस्तुत करें।
3. यदि आपको यह लगता हो कि स्कूल में भी आप किसी से नहीं कह सकेंगे, तो अपने मित्रों, सहपाठियों के साथ उसकी चर्चा करें और अन्तिम पृष्ठ पर दी गई जानकारी द्वारा हमारा सम्पर्क करें।
4. यदि कोई गम्भीर आपात् स्थिति हो तो आप पुलिस की भी मदद ले सकते हैं।

याद रखें, यह न मान लें कि आप अकेले हैं, या आपको समझनेवाला या समर्थन करनेवाला कोई नहीं है अथवा सहने के सिवा आपके पास अन्य कोई विकल्प नहीं है।

और हाँ, इस पुस्तक का उपसंहार जरूर पढ़ें। शायद उससे आपकी पीड़ा थोड़ी हल्की हो जाए और आप अपने उस शिक्षक को माफ करके थोड़ी-सी आन्तरिक शान्ति प्राप्त कर सकें।

—संजीव शाह

भूमिका

बालकों के हृदय में दबी हुई सुलगती आग

सम्भवत: पहली बार यह पुस्तक बालकों के तीव्र रोष को वाणी दे रही है। पुस्तक में बालकों के पत्रों को पढ़कर थरथरा उठें, घिन आए, जुगुप्सा जगे, चीख निकल जाए या रोयें खड़े हो जाएँ तो उसमें कुछ आश्चर्य नहीं।

यह पुस्तक अनेक प्रश्न उठाती है, उनमें से जो अत्यन्त महत्त्वपूर्ण है, मैं उनकी ओर आपका ध्यान खींचना चाहता हूँ।

1. शिक्षक सदैव माननीय होते हैं, अथवा होने चाहिए। विद्यार्थियों को शिक्षक का आदर करना ही चाहिए। परन्तु जब शिक्षक का व्यवहार आदर लायक न हो तब? जब शिक्षकों की वाणी एवं आचरण विद्यार्थियों के आत्मसम्मान एवं आत्मविश्वास पर प्रहार करते हों तब? बालकों की नजर में गुस्सा, घृणा एवं तिरस्कार शिक्षक सह नहीं पाते। विद्यार्थी शिक्षक के विरुद्ध बोलें, उद्‌दंडता से जवाब दें वह हमें अच्छा नहीं लगता और हम उसके लिए भी उनको सजा देते हैं। परन्तु यह गुस्सा, घृणा, तिरस्कार एवं उद्‌दंडता आई कहाँ से, उस पर हम कभी विचार करते हैं? जो शिक्षक अपने ही वाणी-आचरण की जवाबदेही लेने को तैयार नहीं, वे विद्यार्थियों को क्या सिखा सकेंगे?

2. हमारे देश में लोकतंत्र है, ऐसा हम मानते हैं, कहते हैं। परन्तु क्या हमारे घरों और हमारे स्कूलों में वाकई में लोकतंत्र है? बड़ों के पास सत्ता है, बालकों के पास कोई सत्ता नहीं है। पाठशालाओं में सत्ता के ढाँचे में विद्यार्थी सबसे निचले पायदान पर हैं, और इसलिए वे सबसे दबे हुए हैं। उन्हें अन्याय या अत्याचार लगता हो तो भी वे अपनी भावनाओं को व्यक्त नहीं कर सकते। यदि वे ऐसी कोशिश करें भी तो शिक्षक धाक-धमकी से, अपनी सत्ता का दुरुपयोग करके, उन्हें डरा-दबाकर कुचल सकते हैं। जिस देश की पाठशालाओं में बालक मुक्त नहीं हैं वह देश वाकई में लोकतांत्रिक देश हो सकता है क्या?
3. स्कूलों का प्रयोजन क्या है? इनके मुख्य उद्देश्य एवं जवाबदेहियाँ क्या हैं? क्या विषयों की शिक्षा, परीक्षाओं में उत्तम परिणाम, कैरियर के लिए पागलपन...ये सब ही शिक्षा है? बालकों का आन्तरिक विकास, उनके आत्मविश्वास का पोषण, उनके आत्मसम्मान इत्यादि की चिन्ता करना पाठशालाओं की प्राथमिक जिम्मेदारी नहीं है? विद्यार्थी पढ़ें, उनको अधिक अंक मिले, वे अनुशासन में रहें—जैसे कारणों को आगे करके उन पर की जानेवाली सख्ती, उन्हें सुनाए जानेवाले ताने, उन पर बरसाए जानेवाले अपशब्द, उन्हें पड़नेवाली मार आदि उचित हैं? बालकों को जिन्दगी-भर के लिए दु:ख की आदत में ढकेल देनेवाले ऐसे व्यवहार अन्ततः उनके जीवन को तहस-नहस कर डालते हैं। इतना भी नहीं समझ सकनेवाले, शिक्षा देने का पवित्र कार्य कैसे कर सकते हैं?
4. श्रेष्ठ स्कूलों की सबसे महत्त्वपूर्ण आवश्यक पूँजी उनका मकान, फर्नीचर, व्यवस्था या साधन-सामग्री नहीं, बल्कि उनके शिक्षक हैं। उत्तम, चरित्रवान शिक्षक ही वाकई में सही शिक्षण-कार्य

कर सकते हैं। शिक्षा वास्तव में शिक्षकों के आचरण द्वारा ही होती है। बालकों को देखने का शिक्षकों का दृष्टिकोण कैसा है, उनके हृदय में बालकों के लिए कितना प्रेम एवं आदर है, वे अपने वाणी-आचरण के प्रति कितने सजग हैं, वे स्वयं अनुकरणीय उदाहरण हैं या नहीं, इसके प्रति वे कितने सावधान हैं...अन्तत: इन सबसे ही बालकों के निर्माण की गुणवत्ता निश्चित होती है। क्या पाठशालाओं के लिए, उसके संचालकों के लिए इन सभी बातों का महत्त्व है या नहीं?

5. हमारे समाज में प्रतिदिन अनेक अपराध दर्ज होते हैं। हम जानते हैं कि दर्ज होनेवाले अपराधों से अनेक गुना अपराध चुपचाप होते हैं और सहन भी किए जाते हैं। पर हम उन बातों के लिए क्या करेंगे जिन्हें अपराध भी गिना नहीं जाता? अपशब्दों भरी भाषा का प्रयोग करना, बालकों का अपमान करना, बालकों को मारना, बालकों को धमकी देकर डराना...यह सब तो मानो शिक्षक के अधिकार में आ गए हैं और उनके आवश्यक साधन बन गए हैं। मुझे भयंकर त्रास होता है, जब कोई अज्ञानी माता-पिता अपने बालक को सौंपते समय शिक्षक से कहते हैं कि सर, जरूरत लगे तो एक-दो तमाचे मारकर भी इसे एकदम सीधा करना। और मूर्ख शिक्षक बालक के सामने ही इस अधिकार एवं जवाबदेही को मानो गौरव से स्वीकार करता है। जिस बछड़े को पता है कि उसका कत्ल होनेवाला है, क्या उसके जैसी ही हालत उस बेचारे बालक की नहीं होती होगी?

आशा करता हूँ कुछ शिक्षकगण इस पुस्तक की बातों को अवश्य सही भावना (स्पिरिट) से लेंगे, शरमाएँगे, आत्मनिरीक्षण करेंगे और अपने वाणी-व्यवहार से विद्यार्थियों को अकारण दुखी न करें इसके लिए और अधिक सजग रहने का प्रयास करेंगे।

आशा करता हूँ कि आचार्यगण अपनी पाठशाला में शिक्षकों को अति स्वच्छन्दी व्यवहार के लिए आजादी नहीं देंगे और तथाकथित शिक्षण-स्तर की अपेक्षा बालकों की सच्ची शिक्षा को अधिक महत्त्व देंगे। क्योंकि बालकों के आत्मविश्वास, आत्मसम्मान, खुशी तथा स्वस्थ व्यक्तित्व से बढ़कर और कोई दूसरी बात नहीं हो सकती। आचार्यों से यह भी आशा करता हूँ कि यदि विद्यार्थी उनकी ओर से किसी अशोभनीय व्यवहार से रोष या दुःख अनुभव करते हों तो विद्यार्थी स्वयं को अभिव्यक्त कर सकें ऐसी व्यवस्था और वातावरण उन्हें प्रदान करें। ऐसे आचार्यों को गौरव अनुभव करना चाहिए कि वे अपनी पाठशालाओं में सच्चे लोकतंत्र का बीज बो रहे हैं।

और सभी पाठकों से यह अपेक्षा करता हूँ कि शिक्षकों के प्रति बालकों के रोष को अभिव्यक्त करने के इस प्रयास को वे भी सच्ची स्पिरिट, भावना में लेंगे और बालक खुलापन अनुभव कर सकें इसके लिए यथाशक्ति प्रयत्न करेंगे।

—संजीव शाह

1

आप पर बुलडोजर फिरा दूँ!

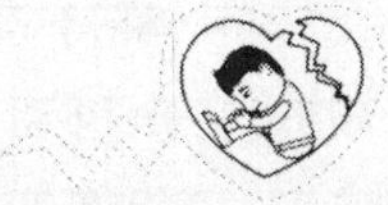

माननीय शिक्षक महोदय,

मैं इस समय दसवीं कक्षा का विद्यार्थी हूँ और यह बात एक साल पहले की है। तब मैं नौंवीं कक्षा में था और आपका विद्यार्थी था। उस समय मेरा मित्र भी नौंवीं में ही था। वह मेरे बगल में ही बैठता था। वह बहुत ही गरीब परिवार से आता था और आपको गरीबों से बहुत चिढ़ थी।

हुआ यह कि मैं और मेरा मित्र बैठकर पढ़ रहे थे। मेरा मित्र पिछले पाँच दिनों से स्कूल नहीं आ रहा था। आप आए, मेरी किताब ली और प्रश्न पूछने लगे। सभी को खड़ा करके प्रश्न पूछे। बहुतों को आया, कइयों को नहीं आया। मुझे खड़ा किया, मुझे आ गया। तो मुझे और बाकी सभी को बैठा देने के बाद आपने मेरे मित्र को खड़ा किया। उससे उस पाठ से प्रश्न पूछा जिसे पढ़ाते समय वह नहीं आया था, गैरहाजिर था। उसे नहीं आया तो आप उस पर खीझ उठे।

उसने कहा, सर मैं नहीं आया था। आपने कुछ सुना ही नहीं और बोले, तुझे क्यों नहीं आया, तेरा ध्यान ही पढ़ाई में नहीं है, कभी भी ध्यान नहीं देता इसीलिए ही तुझे नहीं आया। बाकी सभी को आ गया। सर, उसने आपको बताया था कि वह क्यों नहीं आया था। तुमसे मैंने

कहा था कि तू मत आना? और आपने उसे दो-तीन गालियाँ भी दीं। उसने आपसे कहा कि उसने अनुमति भी ली थी। तो आपने कहा था, तूने मुझसे अनुमति नहीं ली थी तू झूठ बोल रहा है। —ऐसा कहकर आपने 4-5 थप्पड़ इस तरह जड़ दिये कि वह गिर पड़ा और जोर-जोर से रो पड़ा।

आप जानते हो कि वह पढ़ाई में सबसे टॉपर था और फिर भी आपने ऐसा किया और रिसेस में वह घर चला गया क्योंकि उसे बुखार आ गया था। और उसके बाद दो दिन वह नहीं आया तो हम बुलाने गए, तब पता चला कि वह तीन महीने तक नहीं आएगा। उसके कान का ऑपरेशन करवाना था। वह एक कान से सुन नहीं सकेगा और यदि दो दिन में ऑपरेशन नहीं होगा तो दूसरे कान से भी वह सुन न पाएगा। उसे ऑपरेशन के लिए बीस हजार रुपयों की जरूरत थी।

वे बेचारे गरीब, उसके पिता की महीने की तनख्वाह सात हजार रुपये और वे दो दिन में बीस हजार रुपये कहाँ से लाएँ? और उस समय सर, हम आपके पास आए थे। और आपने कहा था, "यहाँ मेरे पास पैसे का कोई पेड़ है क्या? कि मैं उसे बीस हजार रुपये दूँ? चले जाओ यहाँ से।"

उनके पास आठ-दस हजार रुपये पड़े थे और लड़के की साइकिल बेचकर दो हजार मिले। और फिर हम मित्रों ने अपनी पॉकेट मनी में से छह हजार रुपये इकट्ठा किये थे। वे बीस हजार में से दस हजार देने थे, वह उन्होंने दिए और ऑपरेशन शुरू हुआ। उसके माता-पिता ने घर का सामान बेचकर और कर्ज लेकर बिल चुकाया। उस लड़के को तीन महीने आराम करना था। वह तब तक स्कूल नहीं आया और एक्जाम दिया। पास होने के बाद हम सबने स्कूल बदल लिया।

सर, उस समय मुझे ऐसा विचार आया कि उसी वक्त आपको मारूँ, आप पर केस करूँ, आपकी नौकरी ले लूँ, आपको घर से अलग कर दूँ। यह सब तो अभी बहुत कम कहा जाए, क्योंकि उस लड़के को आपके कारण कितना नुकसान हुआ। अरे, मुझे हुआ कि आपको छत पर से नीचे फेंक दूँ, आप पर पूरा बुलडोजर फिरा दूँ। अभी मैं छोटा बालक, मुझसे क्या हो सकता है?

आप ही सोचिए कि मुझे ऐसे विचार आ रहे थे, तो जिसको आपने मारा था उसके मन में कैसे विचार आते रहे होंगे?

भवदीय
आपका बदनसीब विद्यार्थी,
मोहन

2

शिक्षक हर बात पर आत्मविश्वास तोड़ेंगे!

माननीय चेतन सर,

मैं कक्षा नौ-दस में आपकी ट्यूशन क्लास की विद्यार्थी थी। आप हमें गणित पढ़ाते थे। हम दोनों के बीच छत्तीस का आँकड़ा था, ऐसा कह सकते हैं। उस समय आपके काफी व्यवहार ने मुझे भीतर तक हिला दिया था। उस समय हिम्मत के अभाव और आत्मविश्वास बिलकुल न रहने के कारण कह न पाई, उसे आज इस पत्र द्वारा व्यक्त कर रही हूँ।

मैं उस वर्ष नवीं कक्षा में लगभग तीन महीने देरी से आई थी जिससे कोर्स बहुत आगे बढ़ गया था। आपने कहा था कि, *हम सब पढ़ा देंगे, आप चिन्ता न कीजिए। पहले दो दिन मैंने आपसे पूछा कि, "एक्स्ट्रा क्लास कब ली जाएगी।"* तो आपने कहा, *"बस एक-दो दिन बाद।"* तीसरे दिन ट्यूशन में आपने एक सवाल सिखाया और साथ-साथ कहा भी, *"यदि समझ में न आए तो दस बार पूछना, मैं सिखाऊँगा लेकिन ग्यारहवीं बार यदि न समझे तो शामत आई समझो।"* और वास्तव में मुझे वह सवाल समझ में नहीं आया था, मैंने बिल्कुल शान्त होकर, डरे बिना आपसे पूछा।

"सर मुझे समझ में नहीं आया।"

"क्या समझ में नहीं आया, किस स्टेप में समझ में नहीं आया?" आपने बहुत गुस्से में पूछा।

"पूरा सवाल ही समझ में नहीं आया।" मैंने डरकर कहा।

"इसमें समझ में न आए, ऐसा क्या है? इतना भी नहीं आता?"

"सर मैंने लेट एडमीशन लिया था जिससे पहले बताए गए सूत्र मुझे पता नहीं हैं।" बहुत डरते-डरते मैंने कहा।

"यह आप पिछली कक्षाओं में पढ़ चुके हो। इसमें नहीं समझने जैसा क्या है?" आपने अकड़कर कहा।

"सर, अन्तिम स्टेप में उत्तर कैसे आया, यह नहीं समझ पाई।" आखिर में मैंने इस तरह पूछा।

"इतना सरल नहीं आता? मेरे पास समय नहीं है, मुझे कोर्स पूरा करना है। बगलवाली से पूछ लेना—समझा देगी तुम्हें।" आपने खूब हँसकर मुझसे कहा।

मैं इस समय बहुत रुआँसी हो गई थी। पूरी कक्षा मुझ पर हँस रही थी। पहली बार ऐसा लगा था कि सभी मेरी खिल्ली उड़ा रहे हों। मानो मुझमें आत्मविश्वास ही नहीं रहा। मैंने क्षोभ अनुभव किया। ट्यूशन पूरा होते ही मैं घर भाग जाने के लिए दौड़ी। तभी कुछ लड़कियों ने मुझे कहा, *"आज तो क्लास में तेरा कैसा पोपट हो गया। इतने ज्यादा प्रश्न क्यों पूछती थी? सभी को हँसने में मजा आया। अब से मत पूछना, नहीं तो फिर ऐसा ही होगा।"* मेरा गला भर आया और मैं चली गई। इसके बाद मुझे समझ में न आने पर भी मैंने कभी आपसे नहीं पूछा।

आपके ट्यूशन में जो पिछले दिन पढ़ाया गया हो उसका टेस्ट दूसरे दिन लिया जाता। स्वाभाविक है कि उस दिन टेस्ट में मुझे न आए तीन में से दो सवाल मेरे गलत हो गए। आपने गुस्से में सीधे आकर मुझसे पूछा, *"तुम्हारे कितने सही हुए?"* जैसे ही मैंने 'एक' कहा, कि तुरन्त ही आपने कहा *"जिसके दो सही हों बैठ जाए"* और बाद में आपने

डस्टर से चार बार एक हाथ में मारा। मेरी आँखों में आँसू देखकर आपने कहा कि *"तो फिर सवाल सही हल करो न!"* मुझे उस समय आप पर बहुत गुस्सा आया और मैंने मन-ही-मन में कहा, *"एक तो सिखाना नहीं और फिर अपेक्षा रखना कि सभी सवाल सही हों—ऐसा कैसे हो सकता है?"*

मेरी पहली परीक्षा शुरू हुई और उस परीक्षा का परिणाम ऐसा था कि मुझे सभी भाषाओं में 80 से अधिक मार्क्स मिले, बाकी के विषय विज्ञान, सामाजिक विज्ञान दोनों में 70 से अधिक मार्क्स मिले, मात्र गणित में 49 मार्क्स आए। यह जानकर आपको मुझ पर बहुत गुस्सा आया, और पूरी क्लास के बीच मुझे खड़ा करके कहा, *"बस 49 मार्क्स? क्या होगा तुम्हारा? क्या करोगी आगे चलकर? इतना सिखाते हैं फिर भी ध्यान कहाँ होता है तुम्हारा?"* और बाद में आप दूसरे टीचर से कहने लगे, *"देखिए सर, इसके 49 ही मार्क्स आए। चाहे जितना सिखाइए इन लोगों को, तो भी जैसे के तैसे। पढ़ना ही नहीं है, साहब, इन लोगों के लिए हम अब और कितना करें?"*

मैं उस समय रोने जैसी हो गई और बहुत गुस्सा आया। मुझे उस समय ऐसा लगता था कि आपसे कहूँ कि मेरा नाम और गणित के मार्क्स बोर्ड पर लिखकर सबसे कहो कि इस लड़की को तो गणित में इतने ही मार्क्स मिले। साथ ही साथ मनोमन यह विचार भी आया कि मात्र गणित में कम मार्क्स आने से मैं मूर्ख कैसे साबित हुई? मेरे दूसरे सभी विषयों में और विशेषकर तीनों भाषाओं में बहुत अच्छे मार्क्स हैं। तो मैं कैसी विद्यार्थी हूँ, इसका मूल्यांकन क्या मात्र मेरे गणित के मार्क्स से हो, यह उचित है? दूसरे विषयों में अच्छे मार्क्स लाने के लिए मुझे शाबाशी क्यों नहीं दी गई? विषय महत्त्वपूर्ण हो और उसी आधार पर मूल्यांकन किया जाना हो तो जब दूसरे विद्यार्थियों के सभी विषयों में खराब मार्क्स आते तो उनको सभी के लिए क्यों डाँट पड़ती? और यदि

ऐसा नहीं है तो गणित के सिवाय अन्य सभी में अच्छे अंक आएँ तो उनकी बधाई क्यों नहीं दी जाती?

इसके बाद मुझे आपकी क्लास में पढ़ना बिल्कुल अच्छा नहीं लगता था, परन्तु पूरे साल की फीस भरी होने से मैं आती थी। फीस पर से याद आया, जब ट्यूशन में कोई फीस देर से भरता था, किसी की परिस्थिति अच्छी न होने से मोहलत माँगता तो उस विद्यार्थी को कहा जाता कि, *"यदि फीस नहीं भरना हो तो कल से ट्यूशन मत आना, समझे?"* फीस भरने के बाद ही आना। तो इस पर भी मेरे मन में हमेशा सवाल उठते कि आप ज्ञान देते हो या धन्धा करते हो? परन्तु फिर भी, जब कभी कोई विद्यार्थी ऐसा कहे कि *"हम फीस भरते हैं, समझ में न आए तो क्यों न पूछें?"* तो तुरन्त आप गुस्से में कहते हो, *"फीस भरते हो तो हमारे ऊपर कोई उपकार नहीं करते हो, दूसरे ट्यूशन क्लास में जाओ तो मालूम हो कि कितनी फीस भरनी पड़ती है, यह तो बहुत कम फीस है।"* यह सुनकर भी मुझे गुस्सा आता और घुटन होती। हमारे माता-पिता मेहनत करके फीस भरते हैं, फिर भी हम बोल नहीं सकते? आप कह सकते हो कि फीस नहीं भरी तो दूसरे दिन नहीं आना, लेकिन भरते हैं तो बोलना नहीं—यह कैसा विरोधाभास?

इसके साथ आप हमारे साथ अपने-पराये का भेदभाव भी करते थे। आपको याद है, आपकी क्लास में एक छात्रा थी जो आपको बहुत प्रिय थी। प्रिय थी इसमें मुझे कोई आपत्ति नहीं, आपत्ति सिर्फ इतनी थी कि आप उसके और हमारे बीच ऐसा भेदभाव करते थे कि साफ-साफ दिखाई दे। इसके दो-तीन उदाहरण देती हूँ। जैसे कि, आपने दिव्या को गणित का होमवर्क चेक करने के लिए मॉनिटर बनाया था। इसमें मुझे कोई आपत्ति नहीं थी, परन्तु जब हम पाँच बार सवाल लिखकर नहीं लाते तो आप हमें डस्टर से चार बार मारते और दूसरे दिन दस बार लिखकर लाने के लिए कहते। जब दिव्या नहीं लाती तो आप उसे बड़े

प्रेम से कहते, *"कोई बात नहीं, कल दिखा देना।"* नियम सब के लिए समान, तो किसी एक व्यक्ति के लिए अलग क्यों? सच कहूँ तो वे पाँच सवाल सभी देख-देख कर हल करते थे, सिर्फ इसलिए कि मार न पड़े और दूसरी बार लिखना न पड़े। पाँच बार सवाल हल करने से आ जाता तो मुझे गणित में सौ में से सौ मार्क्स नहीं मिलते?

दूसरा उदाहरण, जब किसी का बर्थडे होता तब वह विद्यार्थी यदि आपको डेरी मिल्क या फाइवस्टार चॉकलेट देता और दिव्या कहती सर मुझे भी खाना है तो आप पूरी क्लास के सामने वह चॉकलेट दिव्या को दे देते। देना ही था तो ट्यूशन पूरा होने के बाद क्यों नहीं? सब के सामने देने की क्या जरूरत?

तीसरा उदाहरण, एक बार आप गणित का सवाल सिखा रहे थे और तब आपने पूछा कि *"चलो बताओ, इसका सूत्र क्या है?"* कि तुरन्त ही दिव्या बोली, *"नहीं पता।"* आपका ध्यान लिखने में था इसलिए आपको पता नहीं चला कि कौन बोला। आपने पीछे घूमकर गुस्से से आँखें लाल करके पूछा, *"कौन बोला, जल्दी बताओ मुझे। कौन बोला, नहीं तो शामत आई समझो।"* पूरे क्लास में सन्नाटा छा गया फिर किसी ने धीमे से कहा, *"सर, दिव्या बोली।"* यह सुनते ही आप बिलकुल शान्त हो गए और कहा, *"अच्छा हुआ दिव्या बोली, कोई दूसरा होता तो थप्पड़ खाता, अभी।"*

यह सुनकर मुझे लगा कि अब तो हद हो गई। मैंने यहाँ केवल तीन उदाहरण ही दिए हैं, परन्तु वास्तव में बहुत-से उदाहरण थे। तब मैं कुछ नहीं बोली। लेकिन मैंने मन में ठान ली कि समय आने पर कहूँगी। दिव्या कोई नब्बे परसेंट लानेवाली छात्रा नहीं थी। उसके तो मुझसे भी कम प्रतिशत आते। साठ-सत्तर के आसपास। फिर भी आप उसे कुछ भी नहीं कहते और मुझे धमकाते। पूरी क्लास को आपके इस रवैये से गुस्सा आता। आपको नहीं मालूम लेकिन से यब आपके पीठ

पीछे आपकी खूब खिल्ली उड़ाते, जिसका हिस्सा मैं कभी भी नहीं बनी, दिव्या भी आपकी खूब खिल्ली उड़ाती।

एक दिन मैंने दिव्या और हमारे बीच भेदभाव न हो इसके लिए सभी से कहा, *"हम सभी सर से शिकायत करते हैं"* तब सभी ने 'हाँ' कहा लेकिन अन्तिम घड़ी में सभी पलट गए। और आखिर मैं अकेली रह गई। मेरी शिकायत सुनकर आपको मुझ पर बहुत गुस्सा आया और उस दिन आपने पढ़ाने की जगह दो घंटे मुझे खरी-खोटी सुनायी। इसके साथ आपने सभी विद्यार्थियों से पूछा कि *"आप मुझे कितने साल से जानते हो।"* "सभी विद्यार्थी पुराने होने से तीन-चार-पाँच या छह साल से जानते-पहचानते थे। बाद में आपने मुझसे पूछा कि *"बोल"* तो मैंने कहा *"एक साल।"* तुरन्त आपने गुस्से में कहा, *"ये लोग इतने सारे सालों से आते हैं, उन्हें मुझसे कोई तकलीफ नहीं है, तो तुझे इतनी तकलीफ क्यों होती है, हँ?"*

इसके बाद से आपको मुझ पर बहुत गुस्सा आता। और उसके बाद आपने मेरे साथ कभी भी ठीक ढंग से बात नहीं की और मुझे मेरे नाम से नहीं बुलाया। आप मुझे परेशान करने के लिए कहते, *"ओ, मिस इंडिया, यहाँ ध्यान दीजिए।"* आप मेरी ओर देखकर ही कहते और मैं कहती कि, *"सर देख तो रही हूँ।"* कि तुरन्त आप कहते *"तुझे कौन कहता है, मैं तो तेरे बगलवाली को कहता हूँ।"* और बाद में हँसते। इसके साथ पूरी क्लास भी हँसती। फिर कभी कहते, *"ओ व्हाइट टी शर्ट, यहाँ ध्यान दो।"* मैं जब कहती कि *"सर मेरा नाम है, तो फिर नाम से कहिए!"* कि तुरन्त आप कहते, *"तुझे कौन कहता है, मैं तो तेरे पीछेवाली को कहता हूँ। देखो उसने भी व्हाइट शर्ट ही पहना है।"* आप मुझे ही चिढ़ाते थे, यह बात पूरी क्लास जानती थी। सभी मुझ पर हँसते। मैं बहुत शर्मिंदगी महसूस करती और वहाँ से भाग जाने का मन होता। मेरा आत्मविश्वास एकदम टूट गया था। मुझे बहुत घुटन होती

थी। उसके बाद मैंने आपकी हर बात की उपेक्षा करने की ठानी। इसके बाद मैं कुछ भी न बोलती और अपना काम किया करती।

आपका उपर्युक्त व्यवहार तो ऐसा है समझा भी जा सके परन्तु आपकी एक आदत मुझे अन्दर से हिला देती। और सच कहूँ तो मुझे आपको थप्पड़ मारने की इच्छा होती और बहुत कुछ खरी-खोटी सुनाने की इच्छा होती। लेकिन मेरा आत्मविश्वास बहुत कम हो जाने के कारण मैं अधिकांशतः चुप ही रहती। जहाँ बोलती वहाँ फिर आप मुझे गुस्से में डाँटते और पूरी क्लास मुझ पर हँसती। और वे बातें कुछ होती भी ऐसी कि सभी को मजा आता। और मुझे लगता कि मेरे वश में हो तो सभी को एक थप्पड़ मार कर और उन्हें खरी-खोटी सुना कर वहाँ से भाग जाऊँ। आपको शायद ये बातें याद न हों, परन्तु मुझे अच्छी तरह याद हैं। मैं कभी भी न भूल सकूँ ऐसी एक बात।

आपको याद है, आप जो हँसी मजाक करवाते, वह एक छिछला हँसी-मजाक था इसमें आप द्विअर्थी भाषा का उपयोग करते और लड़कियों का गन्दा (भद्‌दा) मजाक करते। पूरी क्लास उस पर खूब हँसती। आपके शरीर का हावभाव भी बहुत विचित्र होते। मजाक में लड़कियों को आप कहते कि *"नवरात्रि में लड़कियाँ कितना मेकअप करती हैं, ऐसी स्टाइल मारती हैं, जाने क्या-क्या करती हैं, यह सब किसके लिए करती होंगी? हमें तो अपना काम पूरा होने से मतलब, आखिर तो ये नखरे और लटके-झटके लड़कों के लिए ही तो करती हैं।"* जब मैंने पूछा कि 'अपना काम का क्या मतलब?' तो प्रत्युत्तर में आप एकदम विचित्र हँसी हँसे और बोले, *"यह तो समझ जाइए न अब।"* और यह सुनकर लड़के खूब जोर से हँसते। मुझे लगता धरती फट जाए तो उसमें समा जाऊँ, मैं इतना अधिक क्षोभ अनुभव करती। ऐसी द्विअर्थी भाषा बोलना तो आपकी हर रोज की आदत थी। जैसे कि वेलेंटाइन डे होता तो आप पहले से कहते, यदि कल लाल पहनकर आओगे तो मैं समझ

जाऊँगा कि क्यों पहनकर आए हो, हँ। और बहुत ही गन्दी (भद्दा) कामेंट करते, उसका वर्णन मैं यहाँ नहीं कर सकती। मुझे बहुत गुस्सा आता, मैं सोचती कि आप लड़कियों का इतना अपमान कैसे कर सकते हैं। सच कहूँ तो यदि मैं बड़ी औरत होती और आप मेरी जितनी उम्र के होते तो पक्का आपके इस व्यवहार के लिए आपको दो-चार थप्पड़ मारती। और ऐसा मारती कि दूसरी बार आप ऐसी भद्दी-गन्दी, छिछली भाषा का प्रयोग न करते।

एक दिन आपने गाँधी जी के लिए अत्यन्त निम्नस्तरीय और खराब कहा था। इसके खिलाफ मैंने आवाज भी उठाई थी परन्तु आपने मुझे चुप करा दिया था। आपने कहा था, *"वह भी ऐसा ही आदमी था, उसकी बहुत-सी गर्लफ्रेंड थीं। कितनी ही स्त्रियों के साथ उसके सम्बन्ध थे। अपनी बेटी जितनी उम्र की लड़कियों के साथ भी। उसने अकेले ही आजादी नहीं दिलाई। यह तो उस समय हिटलर इंग्लैण्ड आ पहुँचा था और अंग्रेजों को जाना पड़ा। इसमें उसने कुछ नहीं किया। उसने बहुत-सी भूलें की हैं।"* इससे मैंने तुरन्त ही पूछा, *"किस तरह की भूलें की हैं, यह तो आपने स्पष्ट नहीं किया।"* और आपने बहुत गुस्से से मेरी ओर देखा। मुझे लगा कि इस बार मैं चुप नहीं रह सकती। अब तो हद हो चुकी थी। अन्ततः पूरी हिम्मत के साथ मैंने कहा, *"सही इतिहास जाने बिना, उनकी पुस्तकें पढ़े बिना आप किस तरह किसी व्यक्ति को बदनाम कर सकते हैं? वह भी इतने महान व्यक्ति को? अपनी आत्मकथा में उन्होंने अपनी सभी भूलें स्वीकार की हैं। उस व्यक्ति को आप इतना हलकट (घटिया) कैसे समझ सकते हैं? वे इस देश के राष्ट्रपिता बने, तो क्या पूरा देश अन्धा था, कि वे इसके लायक नहीं थे फिर भी उन्हें राष्ट्रपिता बनाया?"* यह सुनकर आपको बहुत गुस्सा आया और आपने कहा, *"ओ, बहन, मुझे सब मालूम है अब तुम मुझे समझाने न बैठो।"*

और आप चले गए। वास्तव में, मुझे उस समय आप पर बहुत गुस्सा आया, मुझे लगा कि यह आपका पूर्वग्रह है। लेकिन नई पीढ़ी को क्यों गलत रास्ता दिखा रहे हो? एक शिक्षक विद्यार्थी की जिन्दगी भी बना सकता है, उसे अच्छा मनुष्य भी बना सकता है। सही मार्ग किस तरह बताना यह पता न होने पर, गलत दिशा बताकर, छिछली (घटिया) वस्तु (बातें) सिखाकर युवाओं की मानसिकता और उनका चरित्र क्या आप बिगाड़ नहीं रहे थे?

मुझे उस दिन से आप पर बहुत चिढ़ होती और फिर मैं ट्यूशन में आना टालती। आपसे दूर रहने और कोई तू-तू, मैं-मैं न करने की कोशिश करती। एक बार आप मेरे बारे में भी ऐसा ही खराब बोले थे। उन दिनों दिवाली वेकेशन में एक कैम्प में गई थी। वहाँ मेरे दो दोस्त बने थे, लेकिन वे दोनों लड़के थे। एक दिन वे मेरे घर आये थे और तब हम तीनों दो साइकिलों पर किसी काम से गये थे। मैं चलाती थी और मेरा दोस्त पीछे बैठा था। उस दिन रविवार था और आपने मुझे देख लिया होगा। तो पूरी क्लास में मेरी गैरहाजिरी में आपने सबसे कहा कि, *"वह भी बहुत चालू लड़की है, दो-दो लड़कों के साथ घूमती है। घर पर लड़के आते हैं। वैसे तो जब ट्यूशन आना होता है तब माइग्रेन हो जाता है और अब एक लड़के का वजन उठाकर जाने में सिर नहीं दुःखता? संस्कार ही नहीं दिये न।"*

यह सुनकर तो मुझे बहुत बुरा लगा और मेरे आत्मसम्मान को ठेस पहुँची। क्या सिर्फ लड़की ही एक लड़की की मित्र हो सकती है? और वह लड़के के साथ दोस्ती करे तो वह चालू लड़की? साइकिल चलाने का सिरदर्द से क्या नाता? उस दिन मेरी मम्मी तुरन्त ट्यूशन आईं थीं आपको डाँटने। और मेरी मम्मी ने कहा कि मुझे मेरी बेटी पर पूरा विश्वास है। मैं उसे अनुमति देती हूँ, उन दोनों लड़कों के साथ घूमने-दोस्ती करने के लिए, तो आप कौन होते हैं बोलनेवाले? तब आपने

दिखाने के लिए माफी माँग ली थी और कहा था, *“तुझे ट्यूशन आना हो तो आना, नहीं तो कोई बात नहीं।”*

उसके बाद मैं ट्यूशन नहीं आई। खुद ही अभ्यास कर लेती थी।

इस पत्र का उद्देश्य आपकी भावनाओं को ठेस पहुँचाना बिलकुल नहीं है। मेरा उद्देश्य उस समय जो कह न सकी, जिस घुटन का सामना मुझे करना पड़ा और जिससे मेरा आत्मविश्वास टूट गया, उसे आपको बताना मात्र ही है। और आप भी जाने-अनजाने कितना खराब व्यवहार कर रहे थे उसे आप समझें तथा इसके बाद आप वैसा न करें; ऐसा उद्देश्य है। कुछ अच्छा न सिखा सकें तो कोई बात नहीं परन्तु युवाओं को गलत राह पर न ले जाएँ, और फिर किसी का इस तरह आत्मविश्वास न टूटे और मेरे जैसा कोई दूसरा आपको न कोसे, यही मेरा उद्देश्य है।

आशा करती हूँ कि आप मेरी भावनाओं को समझ सके होंगे।

भवदीय

आपकी अप्रिय विद्यार्थी

साधना

3

आपकी शिकायत मैं किससे करूँ?

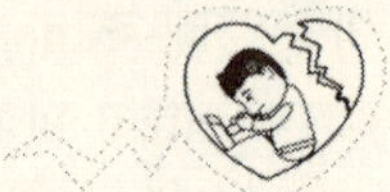

सम्माननीय आचार्य,

बारहवीं कक्षा की पहली परीक्षा में कुछ विद्यार्थी अनुत्तीर्ण हुए। उनमें से मुझे और मेरे मित्र को आपने ऑफिस में बुलाया। मुझे पता था कि मेरे खराब परिणाम से आप बहुत निराश हैं और इसे लेकर आप कोई कड़ी कार्रवाई करेंगे। काँपते पैरों से, दोनों ने हाथ पीछे किये, बड़े अदब से हमने आपकी ऑफिस में प्रवेश किया। आप कुर्सी छोड़कर खड़े हुए और हमारे नजदीक आकर आपने हमें बहुत कुछ कहा, उसमें से दो बातें मुझे याद रहीं। एक, आपने मेरे मित्र को कहा, "अरे नालायक, तेरे मुँह पर मैं थूक भी दूँ तो भी मुझे पाप न लगे।" उसने अपना सिर नीचे कर लिया, दूसरा आपने मुझे कहा, "तेरी गाँड़ पर लात मार कर तुझे बाहर निकाल देना चाहिये।" आपके इस अपमानजनक वाक्य से मुझे बड़ा आघात पहुँचा, क्योंकि आपसे मैंने बहुत अच्छी अंग्रेजी सीखी थी। जीवन में प्रामाणिक रहने और मेहनत करने की प्रेरणा मैंने आपसे पाई थी। अब तक के शिक्षकों में से मैं आपको श्रेष्ठ शिक्षक मानता था। और, आपके मुँह से ऐसी घटिया भाषा! सच है, हम अनुत्तीर्ण हुए यह हमारी भूल है और हमें दंडित करने का आपको पूरा अधिकार है। लेकिन क्या विद्यार्थी के स्वाभिमान को खत्म कर दे ऐसे शब्दों का इस्तेमाल करना उचित है?

आपके ऐसे प्रहार से मेरा स्वाभिमान चकनाचूर हो गया। मैं अपने आपको बहुत निम्न समझने लगा और सुधरने के बजाय अधिक बिगड़ने लगा।

मैंने दूसरे विद्यार्थियों को भी खराब शब्दों में धमकाते हुए आपको देखा है। जैसे कि एक बार आपने एक बहुत शरारती लड़के को बहुत बुरी तरह से मारा था और कहा था, "तू अभागा है। बेशरम, तेरी माँ लोगों के घर में काम करती है और तू यहाँ सत्यानाश करता है।" आप बड़े विद्यार्थियों को डराने-धमकाने में गालियों का प्रयोग भी करते।

यदि कोई सामान्य आदमी ऐसे शब्दों का प्रयोग करे और घटिया व्यवहार करे तो हम लोग उसे मार्गदर्शन का अभाव या उसकी मर्यादा मान सकते हैं, लेकिन आप तो ईसाई धर्म के संन्यासी—ईश्वर के अनुयायी हो, जो ईश्वर का दिया हुआ ज्ञान लोगों तक पहुँचाता है। वह अनुयायी क्या ऐसा व्यवहार कर सकता है? क्या ईश्वर का ज्ञान इस प्रकार का है कि अच्छे के साथ अच्छा और बुरे के साथ बुरा व्यवहार किया जाए? क्या आप गिरजाघर में ही ईश्वर के अनुयायी हो? स्कूल या पूरी दुनिया में नहीं? जब ईश्वर का अनुयायी ही गालियों का प्रयोग करता हो, तो क्या एक सामान्य आदमी से अच्छे व्यवहार की अपेक्षा की जा सकती है?

आपने कहा था कि बच्चा जैसा सुनता है, वैसा ही बोलता है। यानी कि उसके घर में माँ-बाप जैसा बोलते हैं वैसा ही बच्चा भी बोलता है। जब शिक्षा देनेवाला शिक्षक ही गालियाँ देकर विद्यार्थी का अपमान करता हो तो क्या विद्यार्थी यह नहीं सीखेगा? क्या विद्यार्थी यह नहीं सोचेगा कि इतने प्रतिष्ठित स्कूल का आचार्य और गिरजाघर में उपदेश देनेवाला पादरी यदि ऐसी गालियाँ बोल सकता है तो मैं क्यों नहीं?

बारहवीं कक्षा में मैंने स्कूल के रिसेस के दौरान सिगरेट पी थी। उसके लिए आपने मुझे अपमानित किया। सभी शिक्षकों और विद्यार्थियों को यह बात बता कर मुझे शर्मिंदा किया था और स्कूल से मुझे एक

सप्ताह के लिए सस्पेंड कर दिया था, जिसे मैं उचित मानता हूँ। परन्तु मुझे पक्की जानकारी है कि एक बार आपने एक विद्यार्थी के घर उसके पिता के साथ शराब पी थी, तो इसे मैं क्या समझूँ? क्या मैं विद्यार्थी हूँ इसलिए धूम्रपान खराब चीज है और आप बड़े हैं, आचार्य हैं इसलिए कुछ भी कर सकते हैं और वह सब सही ही होगा? आपने 'ओएसिस' में भी मेरी शिकायत की थी और उनके किसी भी कैम्प में मुझे न बुलाया जाय, ऐसी सूचना दी थी। अब, आपके शराब पीने की शिकायत मैं किससे करूँ? किसे कहूँ कि यह आचार्य खराब है इसलिए उन्हें स्कूल न आने दिया जाए।

मुझे आपसे बस इतना ही कहना है कि जितनी बार आपने मेरा अपमान किया उतनी बार मैं हताश हुआ हूँ। मैंने अपने स्वाभिमान पर चोट पहुँचते देखा है। स्वयं को पिछड़ा हुआ माना है और अधिक बिगड़ता गया हूँ। मुझे लगता है यदि आपने मेरी भूलों को माफ करके मुझे प्रेम से मार्ग बताया होता तो मैं कब का सुधर गया होता।

आप ही कहिए—एक विद्यार्थी से भूल हो तब वह अपने शिक्षक से कैसी अपेक्षा रख सकता है? गाली की, अपमान की या मार खाने की?

भवदीय
भूलें करनेवाला आपका विद्यार्थी
वरुण

4

नन्ही बच्चियों के साथ लम्पटता!

कमलेश सर,

सातवीं कक्षा में आपका ट्यूशन छोड़ा वह दिन और अन्त में जो शब्द मैंने आपसे कहे थे वे आज भी मुझे याद हैं। दुर्भाग्यवश।

"सर तो अच्छा पढ़ाते हैं। दूसरे बच्चे तो ट्यूशन चालू रखेंगे, तुम क्यों छोड़ने की जिद कर रही हो?" मम्मी-पापा के इस प्रश्न का मैंने उत्तर दिया था कि "मुझे लगता है कि ट्यूशन में समय बर्बाद होता है, मुझे रात में जल्दी नींद आती है, ट्यूशन देरी से छूटता है।" सही कारण मैं आज तक किसी को नहीं बता पाई। आपके प्रति घृणा और गुस्सा आज भी ज्यों की त्यों बना हुआ है। सही कारण तो यह है—

छठी कक्षा में ट्यूशन की शुरुआत तो आपने अच्छी तरह से की थी। हर रोज ऐसा एक चित्र बना कर लाना जो आपको पसन्द हो। एक विषय पर 50 वाक्य लिखकर लाना। स्कूल के ढाँचे से यह बिलकुल अलग बात थी और मुझे वास्तव में आपके प्रति बहुत आदर था।

गुली की मम्मी ने कहा, "ट्यूशन खत्म हो तब हर रोज सर के पैर छूना।" यह बात मुझे बिलकुल नहीं जँची थी परन्तु लगा कि ये सर वैसे तो सम्मान देने योग्य हैं, उनके पैर छू लेती हूँ।

शुरुआत के थोड़े महीने स्नेह से सिर पर रखा जानेवाला आपका हाथ वासनामय होने लगा। आपने नया टंटा खड़ा किया—पैर नहीं छूना, चुम्बन-पप्पी करना। और बाद में गाल से हटकर होंठ पर पप्पी करवाने लगे और बाद में जबरदस्ती अपनी जीभ हमारे मुँह में फिराने लगे।

कुछ ही दिनों में आपने एकदम लम्पटता से नई बात कही। ट्यूशन खत्म हो तब आखिर में सर्वांगासन करना। वैसे तो शीर्षासन करना चाहिए परन्तु वह न हो सके तो सर्वांगासन भी चलेगा। मेरी घृणा की सीमा न रही। छठी कक्षा तक मैं फ्रॉक पहनती। सर्वांगासन करते समय फ्रॉक छाती की ओर उतर आती और उसे आप लोलुपता से देखते रहते। फ्रॉक पहनने का वह मेरे लिए आखिरी साल हो गया। थोड़े ही दिनों में मैंने फ्रॉक पहनना बन्द कर दिया। और उसके बाद में तो मैंने कभी स्कूल में भी नीचे पायजामा पहने बिना फ्रॉक नहीं पहना।

हम छोटे थे। इतने निर्दोष और असहाय थे कि आपकी इस लम्पटता का विरोध सीधे-सीधे तो नहीं कर सके परन्तु इसके साथ ही मैंने सीखा कि कभी भी किसी पुरुष पर भरोसा नहीं करना। और आखिर में सातवीं कक्षा में मैंने खुद ही घर पर पढ़ने का निश्चय किया। ट्यूशन छोड़ दिया। ट्यूशन छोड़ा उस दिन से मैं अब तक उस बात के आघात से बाहर नहीं आ सकी हूँ।

इतनी निर्लज्जतापूर्वक दुर्व्यवहार करने के बाद भी ट्यूशन के अन्तिम दिन आपने मुझसे पूछा था, “बच्चे अपने गुरु को पूरी जिन्दगी याद रखा करते हैं। तुम भी याद रखोगी न? मिलने आओगी न?” (इतनी धृष्टता भी किसी मनुष्य में हो सकती है?!) और मैंने उत्तर दिया था “भूल से भी नहीं।”

परन्तु, आपके इस दुर्व्यवहार का मुझ पर इतना असर हुआ कि जिस रास्ते पर आपका ऑफिस था, वहाँ से गुजरते हुए एक भी बार

ऐसा नहीं हुआ कि जब ट्यूशन की वह घटना मेरे मानसपटल पर न उभरी हो।

वर्षों बाद मालूम हुआ कि आपकी सन्तानों में एक बेटी भी है। आपकी बेटी के साथ कोई ऐसा व्यवहार करे तो आप उस व्यक्ति को क्या सजा देंगे?

भवदीय
आपकी निस्सहाय विद्यार्थी
आशा

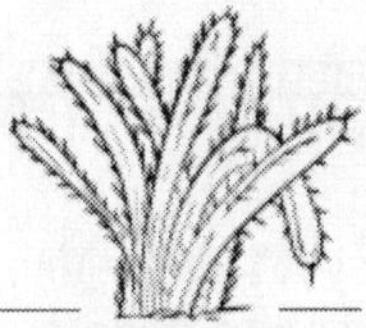

5

आट्र्स के विद्यार्थी भेड़-बकरे!

माननीय स्वप्निल सर,

मैं आपकी भूतपूर्व विद्यार्थी हूँ। ग्यारहवीं-बारहवीं कक्षा में आप मेरे मुख्य अध्यापक थे। मैंने आट्र्स लिया था। नृत्य और संगीत मेरी प्रिय प्रवृत्तियाँ हैं लेकिन स्कूल में इसी वजह से मुझे अन्याय, विरोध, आलोचनाओं, भेदभाव का सामना करना पड़ा। बहुत- ही घुटन से गुजरना पड़ा। आपको लगता होगा कि इन सभी बातों से आपका क्या सम्बन्ध? अवश्य मेरी समस्याओं से आपका कोई सम्बन्ध नहीं लेकिन आपका पक्षपात, आपका गलत व्यवहार, आपकी भाषा इन सबसे मेरी समस्याओं का सीधा सम्बन्ध है, जिसे मैं आपसे कहना चाहती हूँ।

सर्वप्रथम जब आपसे "जाओ, आट्र्सवाले!" सुना तो मुझे आश्चर्य हुआ था। यह हीनभाव से बुलाने का क्या मतलब? लेकिन बाद में आपसे ही जाना कि जिन्हें सिर्फ पास होना है, मेहनत नहीं करनी है, पढ़ना नहीं है वे लोग ही आट्र्स के विषय पसन्द करते हैं। बचे-खुचे विद्यार्थी यानी आट्र्सवाले। फिर तो आपकी ओर से हर रोज सुनाई पड़ता, "भेड़-बकरे बाहर निकलें, क्लास खाली करें" ऐसा सुनकर मुझे बहुत आघात पहुँचता। जब मैंने आपसे कहा कि यह बात गलत है तो आपने मुझे नीचा दिखाया। आपने मुझे हमेशा के लिए अन्तिम बेंच पर बैठने

का आदेश दे दिया। मेरा विरोध आपके विरुद्ध नहीं आपके भेदभावपूर्ण व्यवहार के प्रति है।

ऐसे भेदभाव मैंने कई बार देखे हैं। जब मॉनिटर के लिए सभी ने मेरे नाम का प्रस्ताव किया तो आपने मना कर दिया। आपके वाक्य मुझे आज भी याद हैं। "इसे तो पूरी जिन्दगी नाचना ही है, इसे दूसरा काम नहीं सौंपा जा सकता। मॉनिटर बना दिया जाए तो आगे खड़ी होकर भी नाचने लगे, ऐसी है।" पूरी क्लास मुझ पर बहुत हँसी थी।

स्कूल के कार्यक्रम से सम्बन्धित कोई भी काम होता तो आचार्य मुझे ही बुलाते। चपरासी क्लास में आकर कहता प्रवीणा को आचार्य बुला रहे हैं, तब आप तुरन्त बोल उठते, "कहाँ गई नाचनेवाली, जा तुझे आचार्य बुलाते हैं।" मैं कक्षा से गुजरते हुए बाहर निकलती तब तक आपका दूसरा वाक्य सुनाई पड़ता, "पता नहीं इतना ज्यादा क्या काम होता है...आचार्य को इसके बिना नहीं चलता और इसको आचार्य के बिना।" क्लास में बैठे विद्यार्थी हँसते क्योंकि उनका तो मनोरंजन हो जाता था। परन्तु, उस समय आपकी ऐसी तुच्छ बात पर मुझे बहुत गुस्सा आता। नृत्य को लेकर आप मुझे सुनाने के लिए एक भी मौका नहीं चूकते। स्कूल के कार्यक्रम के लिए प्रैक्टिस करनी हो तो आप कहते, "स्कूल में पढ़ना हो तभी आना, नाचने-गाने के लिए तो दूसरी बहुत-सी जगहें हैं।" आपके सामने मैं आवाज उठाती तो आपके लिए मानो मैं तो दुश्मन। मुझे याद है ग्यारहवीं और बारहवीं कक्षा के दरम्यान दो वर्षों में आपने सत्रह बार क्लास से बाहर निकाल दिया था।

शिक्षक का कार्य है पढ़ाना और कमजोर विद्यार्थियों पर अधिक ध्यान देना। लेकिन आपको तो मैंने होशियार और कमजोर विद्यार्थियों के बीच हमेशा भेदभाव करते देखा है।

एक बार परीक्षा दरम्यान हम सभी पेपर लिख रहे थे। मेरे बगल में बैठी लड़की ने मुझसे प्रश्न का उत्तर पूछा, मैंने इशारे से मना

किया। इतने में तो आपने देख लिया, आपने सीधा मुझसे कहा, "क्या पूछती है?" मैंने कहा वह पूछती थी लेकिन वह लड़की मुकर गई। मैं आगे कुछ बोलूँ इससे पहले आपने मुझे चोर और झूठा साबित करके मुझसे पेपर ले लिया। तब भी आप मेरे नाचने के बारे में बहुत बोले, यहाँ तक कि "तू काली है, इसलिए पढ़ाई में भी काला अक्षर भैंस बराबर ही रहेगी न।" मुझसे यह सहन नहीं हुआ। यह सब बात जब मैंने आचार्य के समक्ष बताई तब आचार्य ने मेरा पक्ष लेकर आपको उलाहना दिया। मुझे आशा थी कि शायद आपका व्यवहार कुछ सुधरेगा, लेकिन ऐसा नहीं हुआ। क्लास में आकर आपने कोने में लड़कों के बीच बैठा दिया और बोले, "इतने वर्षों में मेरी धाक रही है कि मैं पैंट में पेशाब करवा दूँ। और अमुक व्यक्ति को मेरा डर ही नहीं लगता। अब मैं अपनी औकात बताऊँगा।" क्या ऐसा व्यवहार किसी शिक्षक को शोभा देता है?

यह तो हुई मेरी बात, लेकिन मैंने देखा है कि आपकी खराब भाषा दूसरों को भी दुःख पहुँचाती है।

आपकी क्लास में जब हिना नाम की लड़की के पिता की मृत्यु हुई तब आपने बहुत सहानुभूति दिखाई। परन्तु वही लड़की जब परीक्षा में फेल हुई तब आपने उसे कहा, "बाप मर गया तो लड़की मनमानी ही करेगी।" ऐसा कहते समय शिक्षक के रूप में आपकी समझ और सहानुभूति कहाँ चली गई?

एक कमजोर विद्यार्थी जिसके माता-पिता मजदूरी करते हैं, वह अच्छे मार्क्स नहीं ला पाता। आप उसे कहते हो, "माँ-बाप ही अँगूठा छाप हों तो बच्चे को क्या सिखाएँगे?" मैं पूछती हूँ कि क्या हर बच्चा एक समान होता है? और यदि वह बच्चा गलत भी हो तो भी आपका क्या अधिकार है किसी के माँ-बाप को गलत तरीके से सम्बोधित करने का?

आपके ही विषय में एक लड़की थी, जिसके हरेक विषय में बहुत कम मार्क्स आते थे। आपने उसे सिखाने के बदले यह कहा कि, "माँ-बाप के पैसे फालतू में क्यों बर्बाद करती हो? लोगों के घर में जाकर कपड़ा-बर्तन धोना, अच्छा पैसा कमाओगी।"

कोई भी लड़का कमजोर हो, बातें करता हो तो आप उसे कभी अच्छी तरह नहीं बुलाते थे, ऐसा मैंने देखा है। "ओ, ठीक से बैठ", "अरी, यहाँ आ तू।", "सीधी बैठ न, नीचे फोड़ा हुआ है क्या?"—आप लड़कों को इस तरह स्त्रीलिंग में सम्बोधित करते, उस समय मुझे बहुत गुस्सा आता। इससे भी अधिक शर्मनाक आपके मजाक-मस्ती करने का अश्लील तरीका—अमुक शब्दों पर बल देकर, खींचतान करके द्विअर्थी करना, बार-बार अमुक तरीके से बोलना, इसके बारे में तो मुझे यहाँ लिखने की भी इच्छा नहीं होती। हाँ, आपके वे वाक्य मुझे पूरी तरह याद हैं। उस समय जो अनुभव किया था वे खराब भाव ठीक-ठीक याद हैं और हमेशा याद रहेंगे।

मेरी घुटन और मेरा विरोध ऊपर कहे गए व्यवहार एवं रवैये के प्रति है। मुझे आपके ऐसे व्यवहार से बहुत ही दुःख होता। मेरे मन में हमेशा कई सवाल खड़े होते, जिसे मैं आपसे पूछना चाहती हूँ। ये सवाल मुझ अकेले के नहीं हैं, अपितु मेरे जैसे हरेक विद्यार्थी के हैं। मेरे सवाल सिर्फ आपसे नहीं हैं बल्कि उन तमाम शिक्षकों से हैं जो आपकी तरह व्यवहार करते हैं। मेरा सवाल उस शिक्षा-व्यवस्था के प्रति है जहाँ ऐसा व्यवहार हो रहा है, उस समाज से है जो ऐसे शिक्षकों और शिक्षा-व्यवस्था का निर्माण करता है। मेरे ऐसे सीधे सवाल यदि आपको तीखे और अपमानजनक लगें तो मुझे माफ करना, परन्तु मेरे लिए ये पूछना महत्त्वपूर्ण है।

- हम आर्ट्स के विद्यार्थियों को आप 'भेड़-बकरे' कहकर नीचा दिखाना चाहते हैं? क्या हम आपकी ही क्लास के विद्यार्थी नहीं? क्या दुनिया में कला का कोई महत्त्व नहीं? कलाविहीन

विद्रूप दुनिया में रहना क्या आप पसन्द करेंगे? क्या सिर्फ गणित-विज्ञान के विषयों का ही महत्त्व होता है? अमुक या सीमित विषयों वाली व्यवस्था को सही शिक्षा व्यवस्था कह सकते हैं?

- "आप पेशाब करवा देते हैं।" ऐसा कहकर आप हमें डराना चाहते हैं? डराकर आप हमें कुछ सिखा सकते हैं क्या? सिखाने के लिए क्या डर ही एकमात्र रास्ता है? "अब मैं अपनी औकात बताऊँगा" जैसे वाक्यों से आप खुद ही हमारी नजरों से गिर रहे हैं, ऐसा आपको नहीं लगता?
- आपने मुझे काली कहा था, तो मैं पूछती हूँ कि क्या काले लोग इनसान नहीं होते? काले इनसान गन्दे और अज्ञानी होते हैं? जिस देश में काले-गोरे का भेद नहीं है, आप उसी देश में जी रहे हो, क्या आप इससे अनजान हैं?
- आपने मुझे नाचने के लिए दूसरी कई जगहों का भान कराया। मैं पूछती हूँ विद्यामन्दिर जैसी जगह, जहाँ भावी पीढ़ी का निर्माण होता है, वहाँ खुद ही अश्लील वाक्य प्रयोग करके हँसी-मजाक उड़ाना क्या आपको उचित लगता है? शिक्षक को शोभा दे, ऐसा लगता है?
- क्या शिक्षा व्यवस्था मात्र डिग्री और मार्क्स हासिल करने की जगह है? क्या वहाँ कला-कौशल का स्थान नहीं?
- काले-गोरे का भेद, होशियार-कमजोर का भेद, अश्लीलता, गन्दी भाषा और घमंडी स्वभाव से क्या अपने आपको ज्ञानी शिक्षक साबित करना चाहते हैं? एक शिक्षक के तौर पर आपने हमें क्या सिखाया? काले-गोरे का भेद, होशियार और कमजोर का भेद, आर्ट्स और विज्ञान के विषयों का भेद, माता-पिता का सम्मान नहीं करना—ये सब?

- बिना पिता की बेटी के लिए आप पिता बनकर उसकी देखभाल नहीं कर सकते हो तो उसकी भावनाओं को ठेस पहुँचाने का आपको क्या अधिकार? 'बिना बाप की बेटी' ऐसा सम्बोधन करते समय आपको यह विचार नहीं आया कि यदि आप मर चुके हों और आपकी बेटी को कोई ऐसा कहे तो उसे कैसा लगेगा?
- नाचनेवाली कहकर आप मेरा और मेरी कला का अपमान करना चाहते हो? नाचना यदि गलत चीज है तो नाच देखकर मनोरंजन करना गलत नहीं है?
- "जिसे जितनी फरियाद करनी हो करे"—यानी आप जड़ हैं? आपको सत्य-सच्चाई से कोई फर्क नहीं पड़ता? या फिर आप अभिमानी हैं?
- माता-पिता को अँगूठा छाप कहकर क्या हमें यह सिखाना चाहते हैं कि हमारे माता-पिता अशिक्षित और अज्ञानी हैं इसलिए उनका सम्मान नहीं करना चाहिए? क्या अनपढ़ माँ-बाप के बच्चे सफल नहीं होते? क्या पढ़े-लिखे माँ-बाप की औलाद बिगड़ैल नहीं होती?
- इतने सारे अन्याय और खराब व्यवहार के विरुद्ध क्या मुझे आवाज उठाने का अधिकार नहीं? विद्यार्थी अच्छा न हो तो उसकी फरियाद करने का अधिकार शिक्षक को है लेकिन विद्यार्थी किसी बात के लिए शिक्षक की फरियाद करता है तब शिक्षक उसके साथ अत्यन्त खराब व्यवहार करता है।
- क्या आपको अपने शिक्षक-पद के लिए गौरव नहीं है? या फिर आप गौरव का मतलब ही नहीं समझ सके?

सर, अब तक मैंने जो भी आपको कहा वह मेरी वेदना थी। इतना पढ़कर आज की पीढ़ी और सच्ची शिक्षा किस प्रकार का शिक्षक चाहती

है, इसका खयाल-अन्दाज आपको आए तो अच्छा। पर अगर किसी छोटे बच्चे से पूछो तो इसका अत्यन्त निर्दोष उत्तर मिलेगा—"जो हमें न मारे"—इसके अलावा भी कई उत्तर हो सकते हैं। और यदि आप मेरे प्रश्नों का उत्तर अपने आपको देंगे, तो उसमें से भी इसके उत्तर मिल ही जाएँगे।

भवदीय
आपकी 'बिगड़ैल' विद्यार्थी
प्रवीणा

6

मैं आपको थप्पड़ मारूँ तो?

श्रीमती मृणाल मैडम,

मुझे विश्वास है कि मैं आपको याद नहीं होऊँगी क्योंकि मैं न तो बहुत होशियार छात्रा थी और न ही बड़ी लीडर। क्लास के थोड़े कमजोर विद्यार्थियों की आपको चिन्ता हो तभी मैं आपको याद हो सकती हूँ। यह पत्र मैं आपकी कुशलता पूछने के लिए लिख रही हूँ, ऐसा मानने की भूल मत करना। इस पत्र को लिखने के पीछे मेरा उद्देश्य आपके कुछ बर्तावों के बारे में खुलेआम बात करना है। वे बर्ताव जिनके विरुद्ध मुझे कड़ी आपत्ति थी, है और जिसके कारण मेरा दिल टूटा था, क्योंकि यह किसी और ने नहीं, आपने किया था।

सीधे-सीधे कहूँ तो शारीरिक और शाब्दिक हमले करने की आपकी आदत। हाँ, ये हमले ऐसे देखे जाए तो शारीरिक हिंसा की अपेक्षा भले ही कम घातक लगते थे परन्तु छोटे बच्चों के लिए, हमारे लिए वे अपमानजनक और अत्यन्त पीड़ादायक थे। मैं भी उनका शिकार हुई थी और आप कल्पना भी न कर सकें इस हद तक एवं इतनी गहराई तक मैं उनसे आहत हुई थी—प्रत्यक्ष रूप से नहीं किन्तु अप्रत्यक्ष रूप से तो पूरी तरह। इसलिए आपके उन बर्तावों को लेकर अपने विरोध, गुस्से और विचारों को वाणी देना ज्यादा अच्छा है, ऐसा सोच कर मैं

आपको यह पत्र लिख रही हूँ। मैं अपने इन मुद्दों के प्रमाणरूप कुछ घटनाओं का उल्लेख करूँगी।

घटना-1 : हम दूसरी कक्षा में थे और आप हमें गुजराती विषय पढ़ाती थीं। मेरा सहपाठी तेजस मुझसे कुछ पूछने के लिए या फिर मुझे कुछ कहने के लिए पीछे घूमा। आपने यह देखा, आपकी नजर में यह अनुशासनहीनता थी। आप आईं और हम दोनों के गाल पर जोरदार तमाचा जड़ दिया।

घटना-2 : हम लोग तीसरी या चौथी कक्षा में थे (मुझे सही-सही याद नहीं) आप हमें गणित पढ़ाती थीं। एक बार आपकी क्लास रिसेस से ठीक पहले की थी और आप हमें कुछ लिखवा रही थीं। रिसेस की घंटी बज गई, लेकिन आपने लिखाना चालू रखा। इस दरम्यान मेरा मिटानेवाला रबर नीचे गिर गया और मेरा ध्यान उसमें भटक गया, जिससे आप जो लिखा रही थीं वहाँ नहीं रहा। मैं लगातार नीचे झुककर अपना रबर उठा लेने के प्रयास में थी और आखिर में लिखना छोड़कर मैंने उसे उठा लिया। आपने यह देखा और क्रोधित हो गईं। आपने मुझे चॉक मारकर पास में बुलाया और मेरे मुँह पर जोरदार थप्पड़ जड़ दिया। आपने कहा कि "रबर उठाना, मैं जो लिखवा रही थी वह लिखने से ज्यादा जरूरी नहीं था।"

घटना-3 : हम पाँचवीं कक्षा में थे। तब भी आप हमें गणित पढ़ाती थीं। आप बहुत कड़क शिक्षिका थीं और हरेक बच्चा गणित में पारंगत बने, ऐसी अपेक्षा रखती थीं। हम लोगों को एक के बाद एक आगे आकर बोर्ड पर सवाल हल करना होता था। अब, मुझे गणित बहुत अच्छी नहीं आती थी। एक बार मेरी बारी आई बोर्ड पर सवाल हल करने की और मैं हल न कर सकी। फिर वही; आप आईं और मुझे पीटा। आप दूसरे विद्यार्थियों को भी समय-समय पर पीटती रहती थीं।

घटना-4 : एक बार आपने हमारे सहपाठी तेजस को बुरी तरह से पीटा। उसका शर्ट फट गया और खून निकल आया इतने जोर से आपने उसे थप्पड़ मारा। आप उसे फुटपट्टी मारती थीं। उस समय सम्भावित तमाम अमानवीयता से आप पेश आईं।

मैडम, अब शायद सरकार के नियमों के डर से आपने अपनी यह आदत बदल ली होगी। कम से कम सभी को पीटना आपने बन्द किया होगा। हालाँकि एक बार आपके मुँह से यह निकल ही गया था कि सरकार का यह नियम बिलकुल बकवास है। हो सकता है आप बदल गई हों लेकिन बच्चों के शरीर-मन पर आपने जो निशान छोड़े हैं, क्या उन्हें बदला जा सकता है? यह तो ऐसा हुआ कि एक बार आपने किसी की जान ले ली और बाद में हत्या करना बन्द कर दिया—जो जान से चला गया, क्या इससे उसका जीवन वापस आ सकता है?

मुझे आपसे यह भी पूछना है कि क्या आपको वास्तव में ऐसा लगता है कि बच्चों को आपका पीटना किसी भी तरह उचित कहा जा सके... प्राथमिक कक्षा के बच्चे वास्तव में बहुत छोटे बच्चे होते हैं। मैडम, यह उनके विकसित होने का समय होता है। ये लोग मस्तीखोर और बातूनी तो होंगे ही। यही तो उनका समय है दोस्ती करने का, मजा करने का, खुश रहने और क्लास का आनन्द उठाने का। आपका बर्ताव किस हद तक दूसरे को नुकसान पहुँचाता है, क्या इसकी प्रतीति कभी आपको हुई है? एक 'शिक्षक' के रूप में आपकी पहचान के लिए आपके पास कौन-सी योग्यता है, ऐसा कभी आपने महसूस किया? आपको कभी यह खयाल रहा है कि आप जिन्हें पढ़ाती हैं, वे नन्हे बालक हैं, अनुस्नातक या स्नातक कक्षा के विद्यार्थी नहीं? क्योंकि आपकी अपेक्षाएँ तो ऐसी ही थीं।

आप जानती हैं, गणित हमारे लिए एक बोरिंग विषय से भी अधिक कष्टदायक और भयावह पीरियड था। आपने ऐसा कैसे मान लिया कि

बच्चों में डर पैदा करके आप उनसे आदर प्राप्त कर सकोगी? आपके मन में एक बार भी यह विचार नहीं आया कि ऐसा करने से बच्चा अन्दर से टूट जाएगा? आप किसी निर्जीव वस्तु के साथ नहीं, जीवित व्यक्ति के साथ काम कर रहे हो, ऐसा सहज खयाल भी कभी आपको नहीं आया? शायद, आप किसी पारिवारिक समस्या से घिरी हों, ऐसा हो सकता है लेकिन इससे क्या आपको बच्चों पर गुस्सा निकालने का अधिकार मिल जाता है? मैं मानती हूँ कि इतनी प्रौढ़ तो आप थी हीं कि भावनाओं पर काबू रख सकें और यदि आपको सहायता की जरूरत हो तो वह तो उपलब्ध होती ही है।

यदि आप दूसरी तरह से सोचने के लिए तैयार हैं तो बच्चों को सिखाना एक आनन्ददायक अनुभव साबित हो सकता था, यदि आप हमारे साथ सिखाने का आनन्द उठाती होती, सही है या नहीं? आपने माना कि दूसरों को मारना आपका जन्मसिद्ध अधिकार है। दस-पन्द्रह लोगों के सामने मैं अभी आपके मुँह पर थप्पड़ जड़ दूँ तो? कैसा लगेगा आपको? दूसरों को, वह भी बच्चों को नुकसान पहुँचाकर आप शान्तिपूर्वक एवं सन्तोषपूर्वक किस तरह जी सकती हैं? आपकी अन्तरात्मा कहाँ है? आपकी गरिमा कहाँ है? आपके अन्दर की मानवता कहाँ है? आपने उसे छोड़ दिया है या बेच डाला है?

मैडम एक बार पीछे मुड़कर अपने बर्ताव के बारे में सोचिए और आपने क्या कर डाला है, उसे देखिए। आज मैं जितनी जरूरत हो उतनी गिनती कर सकती हूँ। परन्तु गणित में तो अपने आपको मूर्ख ही मानती हूँ। जब भी, सभी के बीच मुझसे भूल होती है तो मुझे क्षोभ होता है। क्लास में एकाध बार भी बात करनी हो तो मुझे वह भयजनक लगता है। हालाँकि आज इसमें बहुत सुधार हुआ है लेकिन वर्षों तक मैं उस डर के तले जीती रही हूँ। यदि मुझे स्कूल में अच्छे अनुभव हुए होते तो मैं गणित में बहुत अच्छा कर सकी होती। मुझे अपने आप पर अधिक

विश्वास होता और असफलताओं से मुझे इतनी शर्म न लग रही होती। यदि आपने मुझे अपमानित न किया होता, पीटा न होता, डराया न होता तो मुझमें अच्छा खासा आत्मसम्मान, स्वाभिमान होता।

और मैडम, हरेक बच्चे के पास हँसता-खिलखिलाता परिवार नहीं होता। उनकी भी अपनी समस्याएँ होती हैं। आपको उसमें बढ़ोत्तरी करने की जरूरत नहीं है। यदि आप किसी का जीवन बेहतर न बना सकें तो कम से कम आपको उसकी जिन्दगी ज्यादा बिगाड़नी तो नहीं ही चाहिए। वैसे तो सभी अपने शिक्षकों का आभार मानते हैं लेकिन एक सरल कारण से मैं आपका आभार नहीं मान रही हूँ—क्योंकि आभार व्यक्त करने जैसा कुछ है ही नहीं। आप अच्छे दिखते थे, इसलिए हम आपको अच्छा मानते थे, बाकी आपकी उपस्थिति हमें कभी भी खुशगवार नहीं लगी थी। मेरी इच्छा है कि आप कभी अपने-आप का शिक्षिका के रूप में परिचय न दें। उस शब्द की और शिक्षक कर्म की गरिमा को नीचे न गिराएँ।

मैं आशा करती हूँ और मेरी इच्छा है कि आपको अपने बोए हुए असंख्य बीजों के फल मिलें। कहते हैं कि लोग समय के साथ बदल जाते हैं। मेरी इच्छा है कि उस समय भले ही आपके पास अन्तरात्मा की आवाज नहीं थी परन्तु यदि आज हो तो वह आपको मार्गदर्शन करेगी।

भवदीय
आपकी शिकार हुई विद्यार्थी
मनीषा

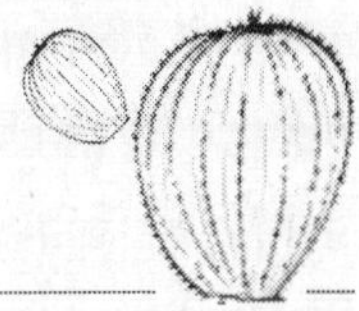

7

मुँह देखकर नम्बर देनेवाले शिक्षक!

आदरणीय डॉ. अजय सर,

धन्यवाद, आपका बहुत-बहुत धन्यवाद। आपके और सिर्फ आपके कारण मैं इन तथाकथित परीक्षाओं में पास हो गई—वह भी उसके विरुद्ध आप कहते थे। मशीन की तरह कॉपी-पेस्ट किए बिना समझकर-सोचकर-सीखकर मैं पास हो सकी।

आपको आश्चर्य हुआ होगा, यह कैसा आभार। मैं थोड़ा खुलकर आपको याद दिलाऊँ, मैं वह छात्रा हूँ जिसे आपने गुजरात होमियोपैथिक मेडिकल कॉलेज के 2014-15 के साल में कहा था कि तू फेल है। दिसम्बर 2014 में आप दूसरे वर्ष के विद्यार्थियों का वाइवा एक्जाम ले रहे थे। मुझ सहित दस विद्यार्थियों को आपने अपने सामने खड़ा किया। आपने पहले ही कह दिया था कि एक्जाम के जवाब आपने क्लास में जिन शब्दों में और क्रम में लिखवाये थे ठीक उन्हीं शब्दों एवं क्रम में होने चाहिए। आपने हम में से एक विद्यार्थी से प्रश्न पूछा, उसने उत्तर देना शुरू किया। आपने उसे कहा "तुम जा सकते हो।" फिर मुझे आगे बोलने के लिए कहा। मैंने शुरू किया। लेकिन आपके क्रम का अनुसरण न कर सकी। मैं आपके लिखाये उत्तर को अपने शब्दों में प्रस्तुत कर रही थी। आपने मुझसे रुकने के लिए कहा इसलिए

मैंने समझाने का प्रयास किया कि मैं वही उत्तर अपने शब्दों में प्रस्तुत करने के लिए सक्षम हूँ। लेकिन आप मुझ पर हँसे और कहा "मौके पर हथियार काम में न आए, तो हथियार किस काम का?" और आगे कहा—"यू आर फेल, नाऊ गेट आउट।" मैं वहाँ खड़ी न रह सकी। बहुत दुखी हो गई। मन में बहुत से प्रश्न खड़े हुए, आप पर गुस्सा आया। मैं सोचने लगी कि मैं यह किस तरह की शिक्षा प्राप्त कर रही हूँ, जहाँ मनुष्य या विद्यार्थी नहीं, रट्टू तोता चाहिए जो कुछ भी सोचे-समझे बिना फटाफट बोल दे।

यद्यपि आपकी इस इन्सल्ट के कारण मैंने ठान लिया कि मैं अपनी इसी मौलिकता से आगे आऊँगी, और देखिए मैं पास हो गई। मैं आपसे पूछना चाहती हूँ कि एक विद्यार्थी जो पूरे साल पढ़ता है, मेहनत करता है वह सब कुछ आप पाँच मिनट के वाइवा या तीन घंटे की परीक्षा में जान ही कैसे सकते हो?

इसके बाद, एक बार आपने अपने सामने खड़े विद्यार्थियों का भविष्य यानी कि रिजल्ट हमारे में से ही एक छात्रा को सौंप दिया। वह आपकी प्रिय छात्रा थी। कारण सिर्फ इतना कि वह आपका सारा काम कर देती थी, फिर चाहे वह हाजिरी लेना हो या रजिस्टर तैयार करना हो। उस वाइवा परीक्षा के समय आपने उससे कहा, "तुम बाकी के सभी विद्यार्थियों का मुँह देखकर जो तुम्हें उचित लगे, मार्क्स रख दो। तुझे प्रश्न पूछकर मार्क्स रखने हों तो प्रश्न भी पूछ सकती हो।" आपने इस तरह दूसरे सभी विद्यार्थियों के मार्क्स रखवाए थे और अमुक के मार्क्स आपने मुँह देखकर दिए थे। अब आप ही विचार करें कि क्या यह न्यायपूर्ण था? ये वही मार्क्स थे जिनके आधार पर आप हमारी काबिलियत तय करते हैं, हम होशियार हैं या नहीं हैं, यह तय करते हो। तो कभी उस कागज पर आपके द्वारा लिखे गए अंकों की गुणवत्ता भी तय कीजिए न!

जिस व्यक्ति को आप पूरे साल बोलने का अधिकार नहीं देते, कभी भी उसकी शक्तियों को जानने का प्रयास नहीं करते, उसकी मानसिकता को समझने का प्रयास नहीं करते—उसी विद्यार्थी को योग्य या अयोग्य साबित करने का अधिकार आपको दिया ही किसने? मैं सिर्फ आपसे ही नहीं समस्त शिक्षकों को कहती हूँ कि कभी तो हमें समझिए, कभी तो हमें सुनिए।

आज तक मैं आपकी एक और बात नहीं समझ सकी कि आप हमें ऐसी कौन-सी शिक्षा देना चाहते थे कि पन्द्रह से पच्चीस बार न लिखें तब तक पास ही नहीं हो सकते। साल के पहले लेक्चर में जब आपने हमें कहा था कि मुझे तुम्हारी क्लास में से पिन डॉप साइलेंस चाहिए। तो मुझे आश्चर्य हुआ। फिर मैंने आपके पढ़ाने का तरीका देखा। आप पढ़ाने के तुरन्त बाद किसी एक विद्यार्थी को खड़ा करते और उसे जो पढ़ाया गया है, वह बोलने के लिए कहते। यदि वह आपके शब्दों में फटाफट नहीं बोल पाता तो उसे 15 से 25 बार लिखना और सिर्फ उसे ही नहीं सभी विद्यार्थियों को उतनी ही बार लिखना पड़ता। दूसरा भी एक नियम था—हर रोज आप जो पढ़ाते उसे उपस्थित विद्यार्थी दो बार और अनुपस्थित विद्यार्थी को पाँच बार लिखना। दो बार या पाँच बार लिखने से आपने जो पढ़ाया है वह आ जाता हो तो स्कूल-कॉलेज में जाने की क्या जरूरत है? मैं आपसे जानना चाहती हूँ कि इस तरह लिखा कर आप हमें क्या सिखाना चाहते थे? वह कौन-सी शिक्षा थी? यदि यही शिक्षा है तो ऐसी शिक्षा का कोई मतलब है सही?

आज मैं आप जैसे सभी शिक्षकों से पूछना चाहती हूँ—एक बच्चा या विद्यार्थीरूपी पतंगा जो अपनी मस्ती में मस्त है, खुश है। आत्मविश्वास से भरा हुआ है, उसे आप कहते हैं कि "मुझे पिन डॉप साइलेंस चाहिए, तुझे प्रश्न नहीं पूछना है, तुझे बोलने के लिए किसने कहा, बातें करोगे तो लिखने के लिए दे दूँगा, मार्क्स नहीं दूँगा।" आपके ये शब्द उसे रेस

का घोड़ा बना देते हैं, हमेशा दौड़ता रहेगा जीतने के लिए। उसकी ऐसी बेरंग जिन्दगी के लिए कौन जिम्मेदार? शिक्षक? शिक्षण? या सिस्टम?

इतने साल पढ़ कर जब हम विद्यार्थी बाहर की दुनिया में पैर रखते हैं तो ऐसी स्थिति होती है कि डॉक्टर को क्लीनिकल नॉलेज नहीं है। शिक्षक है तो बच्चों को समझाना नहीं आता। इंजीनियर को इस बारे में प्रैक्टिकल नॉलेज नहीं है कि वह किस तरह मकान बनाएगा। परन्तु, हाँ, उसके पास डिग्री है। ऐसी शिक्षा हम प्राप्त करते हैं। यह शिक्षण हमें डरपोक बना देता हैं। कहिए, ऐसी शिक्षा की आवश्यकता कितनी है? शिक्षा के नाम पर 18 से 20 वर्ष बरबाद करने के बाद भी हमें इंटरव्यू से डर लगता है। हमें अपने फ्यूचर के बारे में प्रश्नचिह्न है, तो हमें सहनी पड़ रही इस इन्सिक्युरीटी के लिए उत्तरदायी कौन?

भवदीय
आपसे जवाब माँगती आपकी विद्यार्थी
दीपिका

8

क्रूरता की कोई सीमा है या नहीं?

माननीय शिक्षक महोदय,

सादर विदित हो कि मैं कक्षा 12 की विद्यार्थी हूँ। आज से दो साल पहले जब मैं कक्षा 10 की विद्यार्थी थी, मैं आपकी क्लास में सबसे पीछे दीवाल के पास बैठती थी। जब मेरा नया-नया एडमिशन हुआ था, आप मुझे 'जानवर', 'जंगली', 'बैल', 'भैंस' जैसे उपनामों से बुलाते थे क्योंकि मैं गणित-विषय में कमजोर थी और आप गणित विषय के शिक्षक थे।

मैं दीवाल के पास बैठती क्योंकि आपकी मार से मुझे डर लगता। आपका शरीर तो मानो फौज के सिपाही जैसा, आपको तो सीमा पर जाना चाहिए, ट्यूशन क्यों शुरू की?

आपको याद है, पाँच जनवरी के दिन मैं आपके द्वारा दिया गया होमवर्क किए बिना आई थी? ऊपर से सुबह और शाम के बैच में से, मैं सिर्फ सुबह के बैच में ही आ सकी थी, शाम को नहीं आ सकी। आपको लगा कि मेरा होमवर्क पूरा नहीं हुआ इसलिए नहीं आई। परन्तु हकीकत यह है कि उसी दिन मेरा एक्सीडेंट हुआ था और मेरे घर पर मम्मी नहीं थी, इसलिए कोई उपचार करानेवाला नहीं था।

इसलिए मैं छह जनवरी की सुबह आई। मुझे हाथ, पैर, मुँह पर इतनी अधिक चोट लगी थी, उसे आपने देखा भी नहीं और गालियाँ देने

लगे जो आपको किंचित भी शोभा नहीं देती थीं। इतनी सारी गालियों के बाद शायद आपका मन शान्त हुआ होगा इसलिए आपने मुझे बैठने दिया। मुझ पर उपकार किया। दंडस्वरूप आपने सभी के छूट जाने के बाद एक घंटा बैठने के लिए कहा था। मैं शान्तिपूर्वक अपनी जगह पर बैठ कर अपना काम कर रही थी और आप मेरे सिवाय सभी के प्रश्नों के उत्तर देते थे। सभी को तीन घंटे के बाद छोड़ दिया लेकिन मुझे बैठा रखा था।

सभी के जाने के बाद आपने मुझे अपने पास बुलाकर सवाल हल करने के लिए कहा। तब मेरे हाथ में चोट लगी होने से मैं लिख भी नहीं पा रही थी। आपको याद है न कि मेरा सवाल पूरा नहीं हुआ, इसलिए आपने मुझे अपने शरीर की पूरी ताकत लगा कर जोर से थप्पड़ मारा। आपके थप्पड़ से पूरी क्लास गूँज उठी थी। मेरा मुँह पहले से ही सूजा हुआ था और आपके तमाचे से ऐसा लगा था मानो किसी ने मेरे मुँह पर लोहे का डंडा मारा हो। मैं जोर से रो पड़ी। इससे आपने मेरा दाहिना हाथ मरोड़ दिया और मुँह बन्द रखने को कहा। लेकिन आप ही मुझे बताओ—मुझे पहले से ही चोट लगी थी और आपने मुझे अपने वजनदार हाथों से मारा—मैं रोऊँ नहीं, तो क्या हँसूँ?

आपके सिर पर तो मानो मुझे मारने का जुनून सवार हो, आप मुझे पीठ पर मुक्के मारने लगे और "जानवर, हरामखोर, बेवकूफ, जंगली..." जैसे शब्द बोलते जाते थे। मेरी तमाम विनती के बावजूद आप मुझे छोड़ नहीं रहे थे। पन्द्रह मिनट तक खूब मारने के बाद आपने मुझे छोड़ा। मेरे हाथ और मुँह से खून निकल रहा था। मेरी हालत देखकर बड़ी मुश्किल से मुझे घर जाने की अनुमति दी। मेरा चलना भी दूभर था, इससे मैं रिक्शे में गई। घर की सीढ़ियाँ चढ़ते हुए मुझे लगता था कि ये मेरी जिन्दगी के आखिरी पल हैं। बड़ी मुश्किल से मैंने घर पहुँचकर दरवाजा बन्द किया।

घर पहुँचकर मैं चीखते हुए जिस तरह रो पड़ी उससे कोई भी आदमी घबरा जाए। मेरी पीड़ा-वेदना आप नहीं समझ सके। लेकिन मेरी ऐसी हालत देखकर पड़ोसी काँप उठे। उन्होंने ही मुझे शान्त करवाकर पानी पिलाया और मेरे घावों को साफ किया। यह तो उनका आभार कि मेरी सहायता की और रात में मेरी माँ को मेरी हालत पर दया आई।

मेरा आपसे एक सवाल है सर, आपसे ही नहीं पूरे समाज से कि क्या ऐसा व्यवहार शिक्षक को शोभा देता है? मुझ पर किसी को दया न आए? क्रूरता की भी कोई सीमा होती है या नहीं?

मैं तो सिर्फ इतना ही कहना चाहती हूँ सर, आपने जैसा मेरे साथ किया वैसा किसी दूसरे के साथ मत करना क्योंकि मेरी माँ ने जिस तरह मेरा साथ दिया वैसा शायद दूसरे बच्चों को न मिले।

भवदीय

आपकी 'जानवर' और 'जंगली' विद्यार्थी

माधवी

9

शिक्षक इतना नालायक कैसे हो सकता है?

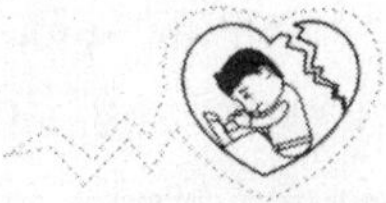

माननीय निकुंज सर,

रिवाज है इसलिए आपको माननीय लिखना पड़ रहा है, इसके लिए पहले से ही खेद व्यक्त करता हूँ।

आप दसवीं कक्षा में हमें गुजराती भाषा पढ़ाते थे। मैं उसी साल उस स्कूल में नया-नया दाखिल हुआ था, इसलिए आपसे परिचित नहीं था। परन्तु मेरी क्लास के मेरे नये दोस्त, स्कूल के पुराने विद्यार्थी आपकी बहुत तारीफ कर रहे थे। उनके कहे अनुसार आपकी क्लास में बहुत मजा आता था। दूसरे कई शिक्षकों की क्लास में वे बोर होते थे इसलिए वे उसकी तुलना में आपकी क्लास के लिए पक्षपात रखते। अतः आप जब पहली बार हमारा पीरियड लेने आए तब मैं बड़ी आतुरता से आपकी राह देख रहा था। मुझे क्या पता कि ऐसी घटना घटित होनेवाली थी जिससे मुझे कितना आघात पहुँचेगा।

सर, मैं एक अच्छे घर का किशोर था। मेरे माता-पिता ने मुझे अच्छे संस्कार दिये थे। अनुचित शब्द या गाली बोलने में अत्यन्त क्षोभ हो, इस तरह से मेरा लालन-पालन हुआ था। मेरे आसपास मेरे मित्र खुलेआम गालियाँ बोलते, निम्न स्तर की बातें करते। मैं उनके साथ रहता परन्तु

उनकी बातों में नहीं आता। उन्होंने शुरू में मुझे चिकना, सीधा आदि कहकर मेरी मजाक उड़ाने की कोशिश की थी। परन्तु मैं न डिगा तो वे भी मेरा आदर करते बल्कि मेरी उपस्थिति में थोड़ा लिहाज भी करते। इतना बैकग्राउंड इसलिए बता रहा हूँ कि आपको मेरी आगे की बात अच्छी तरह समझ में आए।

आपका पहला पीरियड मुझे पूरी जिन्दगी याद रहेगा। आप हँसते-हँसते क्लास में आए और मित्रता भाव से हमारा अभिवादन किया। आपकी आवाज एकदम भारी और प्रभावशाली थी। आपकी भाषा भी अत्यन्त शुद्ध थी। मेरा भी यह पसन्दीदा विषय था इसलिए मैं तो वास्तव में आपसे इम्प्रेस हो गया। परन्तु मेरा यह भाव लम्बे समय तक नहीं टिका।

थोड़ी देर में कोई ऐसा वाक्य आया जिसके कुछ शब्दों के आपने अन्य अश्लील अर्थ निकाले। मुझे याद है चश्मे के पीछे से आप किस तरह आँखें नचाकर कुछ शब्दों पर भार देकर दूसरे अर्थ वाला वाक्य बोले। पूरी क्लास ठहाके लगाकर हँस पड़ी। उसमें से कुछ लड़के जिन्हें ऐसी बातों में विशेष रुचि थी वे तो एक दूसरे के हाथ पर ताली मारते हुए आप पर फिदा होने का इशारा करते। इस तरह आप ऐसे हावभाव से खुद पे गर्व महसूस करते मानो क्लास के हीरो बन गए हों। मुझे याद है कि आपकी ऐसी भाषा से मुझे इतनी शर्म महसूस हुई कि धरती फटे तो मैं उसमें समा जाऊँ। मेरे जैसे लड़के बहुत कम थे। परन्तु विशेष तौर पर जब पूरी क्लास हँसती हो तब हमारी क्लास की लड़कियों पर क्या बीतती, आपको क्या यह दिखता था? बेचारी शर्म से नीचे देखने लगतीं। आप भी कभी-कभी उस तरफ देख लेते, परन्तु आप इतने बेशर्म थे कि वे लड़कियाँ क्या फील करेंगी शायद आपको इसकी कोई परवाह ही न थी। क्या आप अपनी खुद की बेटियों के सामने ऐसे द्विअर्थी बोलते? आपकी सन्तानें होतीं तो आप उन्हें ऐसी गन्दी और विकृत नजर से भाषा को देखना सिखाते?

आपके बारे में मेरा सारा इम्प्रेसन हवा हो गया। मुझे आपके लिए भयंकर अरुचि हुई। लेकिन मैं मजबूर था। विद्यार्थी था न! एक विद्यार्थी ने ऐसा बर्ताव किया होता और संस्कारी शिक्षक होता तो उसे कुछ करने का प्राधिकार होता। यदि मेरी चलती तो मैं आपको दो थप्पड़ वहीं रसीद करता और स्कूल से खदेड़ देता।

आपकी यह वीभत्स लीला और आपकी 'लोकप्रियता' के प्रताप का प्रमाण तो फिर हर रोज मिलता गया। द्विअर्थी शब्दों का प्रयोग तो मानो आपका व्यसन था। हर पाँच मिनट पर कुछ उटपटाँग कहे बिना आपको चैन न मिलता। किसी भी गोलाकार चीज को आप ऐसा अश्लील अर्थ दिए बिना न छोड़ते। स्कूल की लॉबी में चपरासी को गन्दी गाली देकर बुलाते। आपके सामने से कोई शिक्षिका गुजर रही हो तो विद्यार्थियों को आँख मारकर कभी हँसना नहीं चूकते। शिक्षिका बहनों का मुँह लाल-पीला हो जाता। वे आचार्य से फरियाद नहीं करती होंगी?—ऐसे प्रश्न मन में उठते। हालाँकि आप जैसे बेशर्म का कमजोर आचार्य भी क्या कर लेंगे।

आप अपने आपको क्या समझते थे? आप, वास्तव में गली के आवारा गुंडे लगते थे। शिक्षक के नाम पर आप कलंक थे। किसी जाग्रत गाँव के स्कूल में कोई ऐसा करता तो उसका सिर मुँडवाकर गधे पर उलटा बैठा कर पूरे गाँव में घुमाते। आप गुजराती भाषा के शिक्षक थे। आपमें प्रतिभा भी थी। लेकिन आपने तो मानो...छी...छी...छी...छी... माँ सरस्वती का खुलेआम मजाक बना दिया। क्या कोई शिक्षक इतना नालायक और निकम्मा हो सकता है? मुझे तो अभी भी विश्वास नहीं होता।

क्या आपको अपने देश के प्रति गौरव या अभिमान नहीं था? क्या इसकी चिन्ता या दरकार आपको नहीं थी कि आप कैसी पीढ़ी तैयार कर रहे हैं? यदि ऐसा ही करना था तो आप किसलिए शिक्षक बने? इसके बजाय पान की दुकान खोलकर बैठते तो अच्छा होता। कितने ही किशोरों का आप मन तो खराब नहीं करते। एक शिक्षक हजारों

विद्यार्थियों को गढ़ सकता है तो हजारों को बरबाद भी कर सकता है, ऐसा मैंने आपके उदाहरण से सीखा। आप जैसों को तो देशद्रोही और अपराधी माना जाना चाहिए। धिक्कार है आप जैसे शिक्षकों को जो अपने पूजनीय स्थान को शर्मिंदा करते हैं।

मैं स्कूल से कॉलेज गया उसके बाद आपका क्या हुआ होगा, मुझे नहीं मालूम। आपको सीधा करनेवाला कोई मिला होगा? किसी ने आपको आपकी हैसियत बताई होगी? या फिर आप जिन्दगी-भर लम्पट ही रहे होंगे? तो फिर आपकी सजा आपकी जिन्दगी ही बन गई होगी। ऐसी घटिया मानसिकता से आपने क्या पाया होगा? परिवार का कैसा निर्माण किया होगा? क्या आपने सुख, प्रेम और आदर पाया होगा? जीते जी आपने नरक ही पाया होगा।

हालाँकि अच्छा ही हुआ जो आपसे ऐसा अनुभव हुआ। इससे दूसरे तमाम अपनी जिम्मेदारी समझनेवाले और अपना श्रेष्ठ प्रदान करनेवाले असंख्य शिक्षकों के प्रति मेरे मन में आदर और गहरा हुआ। भले ही वे आपकी तरह 'लोकप्रिय' न हों, परन्तु उनसे ही हमारे देश का भविष्य निर्मित हो रहा है, इससे मैं उनके प्रति अगाध कृतज्ञता अनुभव करता हूँ।

भवदीय
आपका विद्रोही विद्यार्थी
मनन

10

धिक्कार है ऐसे शिक्षकों को!

प्रति,

श्रीमान शिक्षक रमण भाई,

सर, आपको याद है, एक नन्ही बिटिया आपके क्लास में पढ़ती थी, जिसका नाम राखी था। वह आपकी क्लास में कक्षा पाँच में पढ़ती थी और आप उसके क्लास टीचर थे। तब न घटने जैसी एक घटना घटित हुई थी जिससे आपके स्कूल को कलंक लगा। आपको तो यह बहुत अच्छी तरह से याद होगा क्योंकि उस शिक्षक को डेढ़ साल तक के लिए सेवा से सस्पेंड किया गया था।

अरे! वह राखी! जिसे कक्षा पाँच में सामान्य ज्ञान में पचास में से उन्नीस मार्क्स मिले थे! तब आपने उसे एकान्त में स्टाफ रूम में बुलाया था। वही मैं। जहाँ आप और मैं—हम दो ही थे। उस समय आपने मुझे गालियाँ दी थीं, मेरे मम्मी-पापा को गालियाँ दी थीं।

और बाद में आपने मेरे बाल पकड़कर मेरा सिर दीवाल पर जोर-जोर से पटका था। मेरा सिर सूज गया था। ऐसी स्थिति थी की मैं बेहोश भी हो जाती।

यह वह समय था जब मैं कक्षा पाँच में पढ़ती थी। अतः मैं बहुत सहम गई थी, डर गई थी। मुझे आप पर बहुत गुस्सा आ रहा था। मैं

जोर से रो रही थी। लेकिन आपकी मार से बचाने के लिए कोई भी नहीं आया। उस दिन के बाद से आज की तारीख तक भी मैं किसी शिक्षक पर विश्वास नहीं कर सकी हूँ। शिक्षक तो क्या मैं अपने सगे-रिश्तेदारों के साथ भी अच्छी तरह घुल-मिल नहीं पाती।

क्या शिक्षक को ऐसा होना चाहिए? उसमें किसी भी प्रकार की मानवता नहीं होती?

क्या माता-पिता अपने बच्चे को एक शिक्षक के पास पाँच से सात घंटे तक बिना किसी प्रकार की चिन्ता किए रख सकता है?

धिक्कार है ऐसे शिक्षकों को...

भवदीय
आपकी गुस्सैल विद्यार्थी
राखी

11

पिता की मृत्यु हुई फिर भी मेरा मनोबल तोड़ा!

मेरी आदरणीय शिक्षिका,

मैं मंजुला, क्या आपको याद है कि पाँच वर्ष पहले जब आप कक्षा पाँच की अध्यापिका के रूप में कार्य करती थीं तब नौ वर्ष की एक लड़की आपके पास पढ़ रही थी। परन्तु आपका व्यवहार उस विद्यार्थी के साथ बहुत ही खराब था।

वह विद्यार्थी उस समय आपके स्कूल में नई ही आई थी। आप जानती थीं कि उसके पिता का देहान्त हो गया है, फिर भी उसकी वेदना समझे बिना उसे बार-बार नीचा दिखाने का प्रयास करती थीं। उस समय उस लड़की को आपके सहारे की जरूरत थी। फिर भी आप उसकी हिम्मत बढ़ाने के बजाय उसकी हिम्मत तोड़ रही थीं। आपके इस व्यवहार के कारण वह बहुत ही डर गई थी, अकेली हो गई थी। यदि आपने उस समय उसकी हिम्मत बढ़ाई होती या उसका साथ दिया होता तो आज वह जो है उसकी अपेक्षा आगे बढ़ सकी होती। यह बात उस विद्यार्थी को आज भी खटकती है।

मेरे इन शब्दों के लिए मुझे माफ करना, लेकिन आपको कोई अधिकार नहीं है उस विद्यार्थी को जाने-समझे बिना उसे तुच्छ मानने

का। आपने उसमें निहित गुण और कौशल को जाने बिना ही मान लिया था कि वह कुछ करने लायक नहीं है। सच कहूँ तो किसी घरेलू कारण से विद्यार्थियों पर निकला आपका गुस्सा बहुत ही गलत है।

विद्यार्थियों को बुरा-भला कहना एवं उनके माता-पिता को बुरा-भला कहना या फिर मारपीट करना किसी भी शिक्षक को शोभा नहीं देता। एक शिक्षक के लिए यह अत्यन्त शर्मनाक बात कही जाएगी।

उस समय यदि मुझे दूसरी मैम का सहारा नहीं मिला होता तो मैं आज भी दुःख और पीड़ा में ही होती। उन्होंने मुझमें जो हिम्मत और साहस भरा उसी के कारण मैं पुनः अपने पैरों पर खड़ी हो सकी हूँ। मेरा आत्मविश्वास बढ़ा है।

परन्तु मुझे आज भी लगता है कि आप मेरी परिस्थिति जानती थीं। फिर भी आपने मेरे साथ ऐसा व्यवहार क्यों किया? आप मेरी वेदना को क्यों नहीं समझ सकीं? या फिर आप समझना ही नहीं चाहती थीं? आपने मुझे मार्गदर्शन क्यों नहीं दिया? आप मुझसे ऐसा भेदभाव क्यों करती थीं?

मैं जानती हूँ कि ऐसे प्रश्न आज कई विद्यार्थियों के मन में उठ रहे होंगे। मेरी आपसे एक ही नम्र विनती है कि इस विषय पर आप एक बार अवश्य विचार करें। मुझे माफ करना, परन्तु आप एक अच्छी शिक्षिका नहीं बन सकीं।

भवदीय
आपकी अभागिन विद्यार्थी
मंजुला

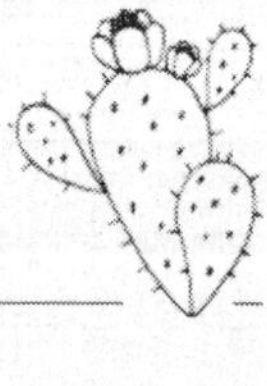

12

लड़कियों का सहन ही करते रहना

आदरणीय परेश भाई,

मुझे आपको बहुत दिनों से आपके प्रति अपना रोष बताना था। लेकिन शायद डर के कारण मैं कह नहीं सकती थी। आज मैं बहुत हिम्मत से यह पत्र लिख रही हूँ।

आपको बहुत अच्छी तरह याद होगा जब मैं ग्यारहवीं कक्षा में बहुत गलत दिशा में थी और मुझे उस समय गलत आदतें छोड़कर अपनी एक नई जिन्दगी शुरू करनी थी, जो बहुत मुश्किल काम था। उस समय मैं थोड़ा स्ट्रेस में थी। चूँकि मेरी जिन्दगी में बहुत से स्ट्रगल चल रहे थे। और इसी समय आपने मुझे बुलाकर कहा था कि "स्मिता यह सब क्या है? तुम इस तरह क्यों बदल गई हो? मुझे अच्छा नहीं लगता। मुझे तो बस पहले वाली स्मिता चाहिए। जैसा सातवीं कक्षा में थी वैसी। जो पढ़ाई में भी होशियार थी।" मुझे भी ऐसा ही फील हो रहा था कि "स्मिता, तुम कैसे फ्रेंड सर्कल में रहती हो। पढ़ने में ध्यान नहीं देती और दुनिया जैसा करती है वैसा तुम भी करने जाती हो। तेरी लाइफ की वेल्यू क्या है?" आपने मुझे उसी समय पूछा था, इसलिए मैंने अपनी सारी समस्या आपको बता दी और आपने मेरी पूरी सहायता की इसके लिए मैं आपकी आभारी हूँ। परन्तु मैं स्ट्रेस में थी और उस समय का भरपूर फायदा भी आपने उठाया।

आपको तो मालूम ही होगा, आपने मेरे साथ क्या-क्या किया है। इसके बावजूद मैं आपको याद दिलाऊँ, ट्यूशन पूरा होता तब आप मुझ अकेली को आखिर तक किसी भी तरह रोके रखते। और सब चले जाते। तब उसके बाद मुझे चाहे जहाँ स्पर्श करते। गन्दी तरह से हग करते और बुरी तरह से किस करते। इतनी गन्दी हरकत करने के लिए आपने क्या-क्या नहीं किया। कभी मैं घर पर होती तो स्पेशियली फोन करते और कहते कि "अभी तुरन्त घर आओ" और उस समय मैं झूठे बहाने बताकर आने से मना कर देती। यह समय मेरे लिए कैसा रहा होगा, उसे आप सोच भी नहीं सकते। मैं फोन रखती तब मेरी माँ हमेशा पूछती कि किसलिए फोन किया था? और मैं झूठ बोलकर बात टालने की कोशिश करती। इस समय मैं कितना झूठ भी बोली।

आपको शायद खयाल होगा कि मैं आपके पास एकाउंट सीखने आई थी, आप आगे के रूम में सबके साथ बैठे थे। वहाँ आपका पूरा परिवार और आपके मित्र बैठे थे। तब आप मुझे अन्दर के हॉल में ले गए और दरवाजा बन्द कर दिया। उस समय पढ़ाना तो दूर रहा और फालतू की हरकतें मेरे साथ कीं। पढ़ाते-पढ़ाते मेरे हाथ पकड़ रखते, मैं पूछती उतना आप समझा देते लेकिन आपका ध्यान बस हरकतों में रहता। उस समय जबरदस्ती मुझे हग करते और मुझसे गन्दे तरीके से किस करवाने की कोशिश करते। उस दिन से मैंने सोच लिया था कि अब कभी भी आपके पास पढ़ने नहीं आऊँगी। भले ही परीक्षा में मुझे कुछ न आए और फेल हो जाऊँ। आप हमेशा मुझे कहते "स्मिता रुक जाओ" फिर भी मैं नहीं रुकती थी।

एक दूसरी घटना। उसे याद करूँ तो आज भी मैं काँप उठती हूँ। आपको याद होगा कि हम सभी फ्रेंड्ज एक बार अपने प्रोजेक्ट का काम करने आपके ट्यूशन पर आए थे। हम लोग एक रूम में बैठकर अपना काम करते थे। उस समय आप आए और आपने हम सभी को

बगल के रूम में जाने के लिए कहा। आपने मुझे इशारे से कहा कि "तुम मत जाना।" उस समय मैं समझ गई थी इसलिए आपकी सुने बिना झटपट मैं वहाँ से निकल गई लेकिन आप मुझे बार-बार बुलाते रहे। उस समय मेरी सहेली ने मुझे कहा, जा तू मिल आ, तुझे कब से बुलाते हैं। परन्तु मैं नहीं ही जा रही थी। क्योंकि मुझे मालूम था कि आप क्यों बुलाते हैं। फिर भी मेरी सहेली बहुत जिद कर रही थी और मैं उसे कुछ बताना नहीं चाहती थी इसलिए अन्ततः मैं उसकी जिद के कारण आपके पास आई।

मैं आई तब सबसे पहले आपने खड़े होकर दरवाजा बन्द कर दिया और पलंग पर लेट गए। मुझे वहाँ अपने बगल में बैठा दिया और मेरी कमर पर हाथ रखकर अपनी ओर खींच लिया। उस समय आपने मेरी छाती पर हाथ रखा था और गन्दे ढंग से किस करते थे। आपने होंठ पर भी किस करने की कोशिश की थी। मैं वहाँ से भागने की कोशिश कर रही थी फिर भी भाग नहीं सकती थी। मैं बड़ी जहमत के बाद भागने में सफल रही क्योंकि झटपट उठकर मैंने वहाँ का दरवाजा खोल दिया। शिक्षक को दुनिया की बहुत पड़ी होती है। इसलिए आप फिर से रोकने के लिए खड़े नहीं हुए, अगर सब देख लें तो? इस समय मैं भागने में सफल रही।

आप ही सोचिए, आपके जैसा व्यवहार एक सच्चा शिक्षक कर सकता है? आप तो अपनी शान्ति के लिए मुझे बार-बार बुलाते। परन्तु आपने मेरा विचार किया कि मैं अपने दोस्तों को कैसे मुँह दिखाती और वे सवाल करते तो मैं उन्हें क्या उत्तर देती?

मैं किसी को यह बात कह नहीं सकती थी। मुझे डर था कि सब लोग मुझे ही गलत समझेंगे, मेरी इज्जत नहीं करेंगे, मेरे साथ बोलेंगे नहीं। और मुझे यह भी डर था कि क्या मेरी बात को कोई सच मानेगा? दूसरा मेरा यह भी मानना था कि शिक्षक को कुछ नहीं कहना, सिर्फ सहन

करते रहना है। उस समय मुझमें सच्चाई से सामने लड़ने की हिम्मत नहीं थी। बस सहती ही रहती थी। अपने आप पर गुस्सा किया करती और स्वयं को ही दोषी माना करती। उस समय मेरी स्थिति बहुत ही खराब हो चुकी थी। मैं भीतर से बहुत ही बुरी तरह टूट चुकी थी परन्तु बाहर से सभी को यही दिखाती कि मैं बहुत खुश हूँ।

मेरे साथ यह घटना घटित हुई। इससे मैंने बहुत कुछ सीखा। ऐसी घटनाओं का सामना करने की हिम्मत अब मुझमें आ गई है। मुझे मालूम है कि हमारे देश में बहुत सी लड़कियाँ ऐसी घटनाओं का सामना करती हैं। उनसे मुझे सिर्फ इतना ही कहना है कि आपके साथ यदि ऐसी कोई घटना घटती है तो उस समय उस समस्या से डरने के बदले उसका सामना करके आगे आओ और उस समस्या से पूरी हिम्मत के साथ लड़ो। ऐसे शिक्षक और व्यक्ति को सही पाठ सिखाने के लिए अपना पूरा प्रयास करो, जिससे ऐसे शिक्षक-व्यक्ति हमारे समाज में और पैदा न हों, जो हम जैसी लड़कियों की जिन्दगी बरबाद करते हैं।

आज मुझे कुछ हलका फील हो रहा है कि किसी माध्यम से मैं अपना रोष प्रकट कर सकी।

भवदीय
आपकी भीरु विद्यार्थी
स्मिता

13

आट्र्स-कॉमर्स-साइंस का पूर्वग्रह

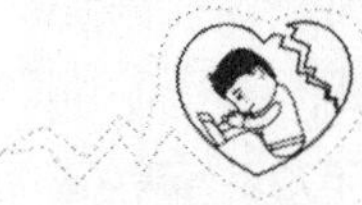

आदरणीय सर,

नमस्कार!

वैसे देखा जाय तो मेरे और मेरे जैसे विनयन (आट्र्स) शाखा के विद्यार्थियों के ह्रदय से आपने शिक्षक के रूप में अपना आदर हमेशा के लिए खो दिया है। लेकिन बड़े होने के नाते मैं अभी भी आपका आदर करता हूँ और जब भी हम मिलते हैं, मैं मुस्कुराते हुए ही आपको पुकारता हूँ। इस पत्र का उद्देश्य आपको नीचा दिखाना नहीं है अपितु आपको कुछ बातों की जानकारी देना है। आपने जाने-अनजाने जैसा व्यवहार हमारे साथ किया है, उस बारे में लिख रहा हूँ।

सर, मेरा और आपका कोई विशेष परिचय नहीं हुआ था। परन्तु मेरे पिता की वजह से आप मुझे पहचानते थे। जिस दिन मेरी और आपकी पहली मुलाकात हुई थी, वह दिन मुझे अच्छी तरह से याद है। दसवीं की बोर्ड परीक्षा के बाद ग्यारहवीं कक्षा में आट्र्स के विद्यार्थी के रूप में स्कूल में मेरा पहला दिन था। मैं बहुत ही खुश था। होऊँ भी क्यों नहीं! मनपसन्द विषय जो पढ़ने थे।

पहले दिन आट्र्स और कॉमर्स के विद्यार्थियों को एक साथ बैठाया गया था। आपका पीरियड न होने पर भी आपने क्लास में प्रवेश किया और सभी से उनके मार्क्स और विद्या-शाखा पूछने लगे। जब मेरी बारी

आई, मैंने बड़े उत्साह से बताया। उसे सुनकर आप हँसने लगे और कुछ ऐसा बोले जिसकी अपेक्षा मुझे आपसे न थी।

आपने कहा, "आर्ट्स! आर्ट्स तो लड़कियाँ लेती हैं। लड़के आर्ट्स लेकर करेंगे भी क्या? लड़कियों की तो कॉलेज पूरा होने पर शादी हो जाएगी। अब लड़के आर्ट्स लेकर क्या करेंगे? तुम्हें तो साइंस या कॉमर्स लेनी चाहिए थी।" मैं तो स्तब्ध रह गया। उसके बाद आप मेरे घर भी आए और मेरे पापा से भी कहने लगे "तुझे क्या अपने लड़के की कोई परवाह नहीं है। तू उसे आर्ट्स दिला रहा है? अभी भी कहता हूँ कि कॉमर्स दिलवा दे।"

उसके बाद मैंने आपको बहुत-सी जगहों पर ऐसा करते देखा। जब भी माता-पिता या विद्यार्थी आपको मिलते तो आप कॉमर्स लेने की सलाह देते। आप कहते कि साइंस लेकर कुछ भी नहीं होगा, आर्ट्स तो लिया ही नहीं जा सकता, इसे तो कॉमर्स लेना चाहिए। और आप कॉमर्स के विद्यार्थियों के समक्ष दूसरी विद्या-शाखा को घटिया बताते।

सर! क्या आपको मालूम था कि आप क्या कर रहे थे? मैं जब दसवीं कक्षा पास हुआ तब मैंने आर्ट्स के विषय पसन्द किए थे। किसी भी प्रकार की देखा-देखी, तुलना या तथाकथित अनुभवी और शुभचिन्तकों के सम्पर्क में आए बगैर। सभी पहलुओं को पूरी तरह देख कर, सभी विषयों को जाँचकर मैंने अपनी जिम्मेदारी पर यह निर्णय लिया था और उस पर मुझे पूरा विश्वास था। किसी छोटे से शहर में कोई लड़का आर्ट्स ले, यह बात आश्चर्य करनेवाली थी। इस पर भी यदि टेलेंटेड और होशियार विद्यार्थी अगर आर्ट्स ले तो सामान्य बात नहीं थी। प्रश्नों और आश्चर्य भाव की श्रृंखला खड़ी होगी इसका मुझे पता था और कुछ सीमा तक मैं इसके लिए तैयार भी था। परन्तु वे शिक्षक जिनके प्रति बहुत सम्मान था मुझे ऐसी आशा थी वे मुझे अवश्य मदद करेंगे और ऐसा वे कर भी रहे थे। परन्तु

आपके ऐसे वाक्यों ने मुझे पूरी तरह स्तब्ध कर दिया। मैं कल्पना भी नहीं कर सकता ऐसा आपने जाने-अनजाने किया था। कुछ भी सोचे बिना, मेरी हॉबी-टेलेंट-सपने पूछे बिना ही आपने कितनी सरलता से कह दिया!

सर, क्या आप ऐसा कहना चाहते थे कि वहाँ बैठी हुई हरेक लड़की कुछ भी करना नहीं चाहती थी? क्या उनके कोई सपने नहीं हैं? क्या वे सभी शादी कर लेंगी? क्या आर्ट्स वाले सभी विद्यार्थी मूर्ख होते हैं? क्या साइंस और कॉमर्स से ही कैरियर बनता है? सर, क्या इस तरह दूसरी विद्या-शाखा के विद्यार्थियों को नीचा दिखाना उचित था? क्या यह एक शिक्षक को शोभा देता था? ऐसे अनेक प्रश्न मुझमें उठते थे। सभी कॉमर्स लें और आपके ट्यूशन की संख्या बढ़े, यह क्या उचित था? भोले-भाले माता-पिता को विश्वास में लेकर आप उन्हें मजबूर करते थे कि विद्यार्थियों को कॉमर्स ही लेना चाहिए, जिस वजह से विद्यार्थी 'शिक्षक' के नाम पर विश्वास रखे और कॉमर्स ही ले। वह तो मैं मजबूत था, नहीं तो गलत निर्णय ले लिया होता।

सर, क्या कॉमर्स लेनेवाले सभी विद्यार्थी सफल हुए हैं? क्या देश को साइंस या आर्ट्स के विद्यार्थियों की जरूरत नहीं है? विद्यार्थी की शक्तियाँ, सपने, कमजोरियाँ, ध्येय जाने बिना आपका ट्यूशन अच्छी तरह चले इसलिए उन्हें कॉमर्स दिलाना, कितनी हद तक उचित था, सर? क्या जाने-अनजाने आप हमारे देश के साथ खिलवाड़ नहीं कर रहे थे? क्या आपके ट्यूशन के सामने हमारे स्वप्न कुछ भी नहीं हैं? सर, उस दिन तो कुछ भी नहीं बोल सका, परन्तु मैं अवश्य ही आर्ट्स में सफल कैरियर बनाकर साबित करूँगा कि मेरा निर्णय उचित था।

दूसरी विद्या-शाखा के विद्यार्थियों को तुच्छ मानने के बजाय क्या उन्हें भी प्रोत्साहित नहीं करना चाहिए? क्या तीनों शाखाएँ समान नहीं हैं? ऐसे पूर्वग्रहों को खत्म करने के बजाय आप विद्यार्थियों में जाने-अनजाने उसे बढ़ावा तो नहीं दे रहे हैं? परन्तु मैंने आखिर में जाना कि ये सारे

सवाल आपके लिए महत्त्वपूर्ण नहीं थे। आपको तो सिर्फ ट्यूशनरूपी 'धन्धा' विकसित करके उसका परिणाम ही लाना था। सर, अविनय के लिए क्षमा कीजिए, परन्तु क्या ऐसा बर्ताव शिक्षक को शोभा देता है? आपने ऐसा व्यवहार चाहे जान-बूझकर किया था या अनजाने में, लेकिन अन्ततः जितने विद्यार्थी आर्ट्स में जाना चाहते थे उनके लिए आर्ट्स लेना बहुत कठिन कर दिया था, क्या आप यह जानते थे? क्या आपकी जिम्मेदारी नहीं थी कि ऐसा वातावरण खड़ा करते कि सभी विद्या-शाखाएँ गौरवपूर्वक विकसित हों और जिसे जो लेना हो वह अपनी जिम्मेदारी पर ले। लेकिन इसकी जगह आप क्या कर रहे थे?

ऐसा वातावरण आपने खड़ा कर दिया था कि विद्यार्थियों को प्रेरणा देने के बजाय उन्हें मजबूर होना पड़े। आपके ट्यूशन के विकास के लिए यह अवश्य ही फायदेमन्द रहा होगा, परन्तु आपके और मेरे देश का विकास? विद्यार्थियों का विकास? मुझे इस अनुभव ने बहुत मजबूत बनाया और मेरा आर्ट्स के प्रति प्रेम बढ़ाया—इसके लिए हृदयपूर्वक आभार। परन्तु पता नहीं आप समझे होंगे या नहीं कि आप क्या कर रहे हो? क्योंकि आपका हरेक व्यवहार, हरेक शब्द, हरेक निर्णय मेरे देश के भविष्य का निर्माण कर रहा था।

यह बहुत ही आवश्यक है कि इस बारे में चेतना आए। आशा है कि आप चैतन्य हो गए होंगे और नहीं हुए हों तो यह पत्र आपकी सहायता करेगा। इससे आप समझ सकेंगे कि आपके ऐसे बर्ताव से हरेक विद्यार्थी सचेत था।

भवदीय

आपका मूर्ख विद्यार्थी

रमेश

14

क्या शिक्षक धर्म के नाम पर भेदभाव करते हैं?

मेरे आदरणीय टीचर,

मेरा नाम महेताब है, जो आपकी कक्षा सातवीं-बी में पढ़ती थी।

सभी शिक्षकों की मैं प्रिय विद्यार्थी थी। इसलिए सभी मेरे साथ हँसी-मजाक करते। शायद यह बात आपको और मेरी कुछ क्लासमेट्स को अच्छी नहीं लगती थी। इसलिए सभी मुझे ईर्ष्याभाव से देखते।

एक शनिवार को मेरा क्लास छूटा था तभी हमारी क्लास की एक लड़की ने आपसे आकर कहा कि, टीचर, महेताब और उन सर का कुछ चलता है। दोनों लोग एक दूसरे को देखा ही करते हैं। बस इतना कहते ही आपने उसे चुप करा दिया। मैं वहीं खड़ी थी। आपने मुझे बुलाया और कहा "सोमवार को तेरी खबर लेता हूँ।"

मैंने कोई भी गलत काम नहीं किया था इसलिए सोमवार को स्कूल आई। आपने मुझे स्टाफ रूम में बुलाकर मुझसे पूछा, "तू मुस्लिम है?" मैंने "हाँ" कहा। आपने कहा "तुम्हारे जैसे मुसलमानों की सिर्फ इतनी ही औकात है। मौका मिला नहीं कि किसी के भी साथ चालू हो जाओ। कुछ तो शरम करती। स्कूल को बदनाम करना हो तो तेरे जैसी नीच लड़की ही काफी है। तुझे बाहर दूसरे कोई लड़के नहीं मिले थे, कि

इस सर को पकड़ लिया। तेरे जैसी बदचलन लड़कियाँ ही समाज का भविष्य बर्बाद करती हैं।" आखिर में आपने गुस्से में एक प्रश्न पूछा, "क्या सभी मुसलमान तेरे जैसी नीच हरकत करते हैं?" जब आपने ये सारी बातें मुझे कही तब मुझे भीतर-भीतर ऐसा लग रहा था कि मानो मैं मर चुकी हूँ।

आप शिक्षक हैं। हमसे अधिक ज्ञान आपके पास है। सभी का धर्म भले ही अलग-अलग हो परन्तु ईश्वर से माँगने की क्षमता और हृदय का सम्बन्ध एक ही होता है। आप शिक्षक होकर ऐसा भेदभाव करोगे तो फिर इन बच्चों को क्या सिखाओगे? आज आपने मेरे धर्म पर उँगली उठाई, मेरे धर्म को खराब कहा। सभी अपने-अपने धर्म का पालन करते हैं और मैं भी अपने धर्म का पालन करती हूँ। इसमें तकलीफ किस बात की है? आपको क्या अधिकार है मेरे धर्म को नीच कहने का? आप ऐसा कैसे कह सकते हैं कि आपका धर्म ही सर्वश्रेष्ठ है? ऐसी मान्यता हो ही कैसे सकती है? सभी धर्म श्रेष्ठ होते हैं।

आप मुझे कहते हो कि मेरे धर्मवाली लड़कियाँ बदचलन होती हैं और लड़कों के साथ भाग जाती हैं। आपने मुझे यह भी कहा था "मुसलमान कितने नीच होते हैं, यह मुझे मालूम है। तू भी तो मुस्लिम ही है न! तुम्हारे लोग बिना हृदय के हैं, पशु-पक्षियों की, जानवरों की हत्या करते हो और उसे ही भोजन के रूप में भी लेते हो।" मेरे धर्म के बारे में आपने बहुत कड़वे वचन कहे, मैंने सब सुना। लेकिन उन तमाम प्रश्नों का विरोध न कर सकी।

मेरे मुस्लिम होने से आपने मुझे बहुत परेशान किया। कभी मेरी नोटबुक छुपाई, कभी मुझे ताने मारे, पूरी क्लास के बीच मेरी इन्सल्ट की। आपके कारण पूरी क्लास मुझ पर हँसती थी। आपने मुझे कहा कि, "तू मर जा, तुझे जीने का कोई अधिकार नहीं है।" मेरा नाम है, मेरे माता-पिता ने बड़े प्रेम से मेरा नाम रखा है, तो आप मुझे किसलिए

“मुस्लिम यहाँ आ”, “ऐ मुस्लिम” कहकर बुलाते। आप किसलिए मुझे कहते कि तेरे धर्म की सभी लड़कियाँ पढ़ना छोड़ देती हैं, तो तू भी इस स्कूल से नाम कटवा ले।

मुझे तब केवल आप पर नहीं स्कूल पर गुस्सा आता था कि धर्म के नाम पर भेदभाव करनेवाले टीचर को स्कूल में क्यों लिया गया है? आपके बर्ताव से मुझे बहुत पीड़ा हुई है, बहुत दुखी हुई हूँ। बहुत रोई हूँ। चार दिन खाना नहीं खाया। कारण बस आप ही थे। किन्तु मेरी मजबूरी थी कि मैं आपके खिलाफ कुछ कर न सकी।

भवदीय
आपकी बदचलन विद्यार्थी
महेताब

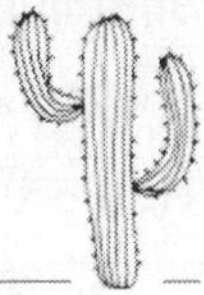

15

उसका खानदान ही ऐसा है!

आदरणीय कान्ति सर,

सर, आपको याद होगा, मैं हसमुख। आपने मेरे साथ कक्षा छठी से आठवीं तक जो किया है, उसकी एक झाँकी मैं आपको दिखाता हूँ।

मैं जब छठी कक्षा में था तब आप मेरे क्लास टीचर थे। मेरा स्वभाव थोड़ा बातूनी और शरारती था। दूसरे लड़कों के साथ आप बातचीत करके हँसी-मजाक करते। लेकिन जब मैं आपके साथ हँसी-मजाक करता तो आप मुझे डाँटते-मारते, आप बातें करने पर या लिखना बाकी होने जैसी सामान्य बातों पर भी मुझे मॉनिटर के साथ प्रिंसिपल के पास भेजते।

आप क्लास के बीच मेरी इन्सल्ट करते और मुझ पर हँसते। मेरे पिता जी ने एक बार आपसे ऐसा न करने के लिए विनती की थी। परन्तु आपने अपने स्वभाव में किसी भी प्रकार का बदलाव नहीं किया था। एक बार एक शिक्षक ने मुझे "बेशरम" कहा, तब आपने उस शिक्षक से कहा, "उसे कुछ कहना नहीं, नहीं तो वह अपने पिता को बुलाकर लाएगा। उसका खानदान ऐसा ही है।" तब मेरे पिता ने स्कूल में आकर फिर से आपको ऐसा न करने के लिए बड़े कठोर ढंग से समझाया था, लेकिन आप माने नहीं।

आप बच्चों को कबड्डी सिखाते समय गन्दी-गन्दी गालियाँ बोलते। जब आप मेरे साथ इस प्रकार का बर्ताव करते तब मैं रुआँसा हो जाता। मुझे बहुत ही डर लगता। मैं लाचार था। आप मेरे परिवार को खराब और गलत कहते तब मुझे बहुत गुस्सा आता। मुझे तो यह भी डर था कि आपका व्यवहार-बर्ताव कम होने के बदले बढ़ गया तो?

क्या आपको इस बारे में अफसोस है या नहीं? क्या शिक्षकों को समझाने के लिए माता-पिता को डराने-धमकाने जैसे कड़े कदम उठाने पड़ेंगे? जिस भूमि पर महान गुरुओं का जन्म हुआ उस भूमि पर ऐसे शिक्षकों का होना सम्भव है?

भवदीय
आपका बेशरम विद्यार्थी
हसमुख

16

आपका स्व-मूल्यांकन करने का मन नहीं होता?

मीता मैडम,

आठवीं कक्षा का वह वर्ष मेरे स्कूल जीवन का सबसे वेदनामय वर्ष रहा और उसमें मुख्य भूमिका निभाई आपने। आपने किस तरह मेरी जिन्दगी को तनाव से भर दिया, इसका वर्णन करना और हो सके तो आपको उसका एहसास हो, यह प्रयास मैं इस पत्र के द्वारा करना चाहती हूँ। उस समय तो मालूम नहीं था किन्तु अब मुझे पता चला कि आपने जो किया उसे मानसिक टॉर्चर कहा जाता है। एक शिक्षक के लिए यह शब्द प्रयोग बिलकुल मेल नहीं खाता, फिर भी यह हकीकत है कि केवल शारीरिक दंड या अपशब्द ही नहीं अपितु किसी को हमेशा नीचा दिखाते रहकर, हमेशा किसी को मजाक का विषय बनाते रहने से शिक्षक विद्यार्थियों का जीवन दूभर बना सकते हैं। और आप इसका श्रेष्ठ उदाहरण थीं।

आठवीं कक्षा यानी मैं अपनी किशोरावस्था में थी। मैं हमेशा अपने बलबूते पर कुछ प्राप्त करना चाहती थी जिससे मैं अपना स्थान बना सकूँ। मेरे अगल-बगल सभी किसी न किसी रूप में 'अचीवर' थे, शरारतियों तक का भी क्लास में अलग स्थान था। इन सबसे मैं बहुत

पीछे और बिलकुल अकेली थी। मेरे मित्र भी बहुत कम थे। मुझे प्यार की आवश्यकता थी। स्वीकार की जरूरत थी। इतना ही नहीं मुझे घर में भी इन सबकी कमी थी। मानो मैं घर से भागकर स्कूल आती थी कि यहाँ वह मिल जाएगा। कुछ नहीं तो मित्रों का साथ मिलेगा, लेकिन साल पूरा होने तक तो आपने मेरी इन आशाओं को चकनाचूर कर दिया और उसे मेरे स्कूल जीवन का सबसे खराब वर्ष बना दिया। किस तरह? मुझे पक्का मालूम है कि आपको तो याद नहीं ही होगा, इसलिए मैं ही आपसे कहूँगी।

शुरुआत में आप मुझे बुलातीं और बैठने की जगह बदलने के लिए कहतीं—मुझे अधिक अकेला कर देतीं। इतना ही नहीं मेरी सोहबत अच्छी नहीं है कहकर मुझे मेरे ही दोस्तों पर शक करने की सीख देने का प्रयास करतीं। मैं भले ही वैसा नहीं करती लेकिन मन तो विचार करने में लग ही जाता। जिससे मैं अत्यन्त दुखी हुई वह घटना—

वार्षिक दिन मनाने के लिए आपने नृत्यनाटिका के लिए मुझे पसन्द किया। वैसे तो नृत्य के साथ मेरा दूर-दूर तक कोई सम्बन्ध नहीं। लेकिन ट्रायल देखकर मुझे पसन्द किया इसलिए मैं भी कूद पड़ी। और फिर तो शुरू हुआ आपके सताने का सिलसिला। आपने तो जैसे पूरे इरादे के साथ प्रैक्टिस क्लास में मेरी खिल्ली उड़ाना शुरू किया, सभी के बीच। आप चाहतीं तो मुझे उसमें से दूर कर सकती थीं लेकिन इसके बदले आपने ऐसी तमाम कोशिशें की जिससे मेरा आत्मविश्वास नीचे बैठ जाए। मेरे लिए यह अनुभव अत्यन्त डरावना और कठिनाई भरा बनने लगा। मैं समझ नहीं पा रही थी कि क्या करूँ, किस तरह बचूँ? हर रोज आप नई कमियाँ ढूँढ़ निकालतीं। तुझे कहाँ मैंने पसन्द कर लिया, इस तरह से दुःख सभी के बीच व्यक्त करतीं। आपने इस हद तक मेरा आत्मविश्वास तोड़ दिया कि आज की तारीख में भी सार्वजनिक तौर पर कुछ बोलना हो तो मेरे पैर काँपते हैं और मैं तुतलाने लगती हूँ।

मुझे आपसे पूछना है कि क्या शिक्षक का काम होशियार विद्यार्थी को, जिसे आता हो उसे ही प्रोत्साहित करना है? कार्यक्रम सफल बनाना आखिरी ध्येय होता है फिर भले ही उसमें शामिल बच्चों का चाहे जो हो? बच्चों को कुचल डालने का अधिकार आपको किसने दिया? अपने आपको क्या मानती हो—भगवान? मैं मानती हूँ कि अब तो आपने अपनी उन बकवास मान्यताओं को बदल दिया होगा...

मुझे याद है कि आपको किसी का गुस्सा किसी और पर उतारने की आदत थी। लेकिन हम आपके विद्यार्थी थे, मित्र नहीं कि जिसके साथ आप ऐसी छूट ले सको। आपकी ऐसी ही एक और दिल दुखानेवाली आदत थी, पक्षपात की। अपने प्रिय विद्यार्थियों को सबसे ऊपर रखने के लिए जो भी करना पड़े वह करने को तत्पर रहतीं। ऐसा करने में भले ही दूसरे कई विद्यार्थियों को नीचा दिखाना पड़े। जैसे कि आप कोई प्रश्न पूछतीं और उत्तर देने के लिए किसी कमजोर विद्यार्थी की उँगली ऊपर उठी हो तो आप उसे सभी के बीच मजाक का विषय बना देतीं। कहतीं, "तू तो रहने दे, मुझे मालूम है तुझे नहीं आएगा। उलटा सभी को हँसी उड़ाने में मजा आएगा।" क्या शिक्षक का यह काम है?

मेरे और मेरे जैसे दूसरे कई विद्यार्थियों के आत्मविश्वास की हत्या करने के लिए मैं आपको शिक्षक नहीं हत्यारिन ही कहूँगी। आप दिखने में सुन्दर थीं, लेकिन आपका हृदय? मुझे नहीं लगता कि वह सुन्दर होगा। मेरी खुशनसीबी है कि मैं आपकी उस टीका-टिप्पणी से, उस चोट पहुँचानेवाले असर में से बाहर आ चुकी हूँ। आज मुझे अनुभव है कि एक अच्छा शिक्षक कैसा होता है। आत्मविश्वास तोड़नेवाले नहीं अपितु निर्माण करनेवाले शिक्षक को हम कितने प्रेम से याद करते हैं, आपकी समझ में यह नहीं आएगा। हाँ, आप ऐसा बनने का प्रयास अवश्य कर सकती हैं। सम्भव है कि आपको भी कभी उस प्रेम का अनुभव हो जाए!

मेरे भीतर जो हीनताबोध और अपराध भाव आपने भर दिया है उसमें से बाहर निकलने का अन्तिम पायदान है यह पत्र। आपके कार्यकाल में आपके पास कितने सारे बच्चे पढ़े हैं, मुझे पक्का विश्वास है उसमें मेरे जैसा अनुभव रखनेवाले बहुत होंगे। बच्चा अपनी भावनाओं को दबा के, सहम के बैठा रहे यह कोई सिद्धि नहीं है, और न ही यह कोई प्रमाणपत्र है आपकी योग्यता का।

ईश्वर करे इस पत्र से यदि आपको एक शिक्षक के रूप में अपना स्व-मूल्यांकन करने की इच्छा हो, तो मुझे बहुत आनन्द होगा। बच्चों का मूल्यांकन तो आपने बहुत किया और उसे घोषित भी खूब किया। अब आपकी बारी रखी जाए तो?

भवदीय
आपकी विद्रोही विद्यार्थी
विमला

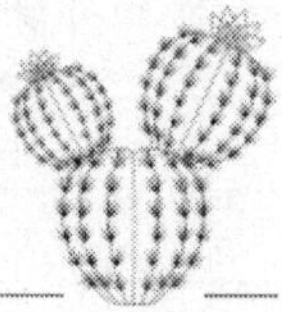

17

लड़कियाँ कम बुद्धि वाली होती हैं!

विनीत सर,

दसवीं कक्षा की परीक्षा पास करके एक लड़की ग्यारहवीं कक्षा में प्रवेश लेती है। वह आपके ट्यूशन में भी जुड़ती है। ग्यारहवीं कक्षा में उसका स्कूल नया था। और बहुत कुछ भी नया था उसके लिए। उस समय उसके सामने विषय के चयन का प्रश्न खड़ा होता है। कम्प्यूटर और संगीत, इन दोनों में से एक विषय पसन्द करना होता है। लड़की की इच्छा कम्प्यूटर लेने की होती है। वह नये वातावरण में थोड़ी उलझन महसूस करती है इसलिए वह इस सन्दर्भ में आपका अभिप्राय जानने के लिए आती है। आप उस लड़की को कह देते हैं, संगीत ही लेना है। अपने भूतकाल के अनुभव से आपने यह निष्कर्ष निकाला था कि संगीत विषय रखनेवाले विद्यार्थी बारहवीं कक्षा की बोर्ड परीक्षा में ज्वलन्त परिणाम हासिल करते हैं। जबकि कम्प्यूटर विषय थोड़ा कठिन होने से विद्यार्थियों का परिणाम नीचे गिर जाता है।

वह लड़की कम्प्यूटर विषय क्यों लेना चाहती थी यह आपने उससे पूछा ही नहीं। उसने आपको समझाने की कोशिश की लेकिन...अन्ततः लड़की ने तो वही विषय लिया जो उसे लेना था, क्योंकि वह खुद को उचित लगे वही करनेवाली और उसके लिए जिम्मेदारी लेनेवाली लड़की

थी। इस घटना से आपके और लड़की के बीच तनाव की शुरुआत हुई। आप उसके इस निर्णय से गुस्से में थे। उसके प्रति आपके बर्ताव में गुस्सा झलकता रहता।

आप उसे संगीत लेने के लिए इसलिए कह रहे थे कि आप जानते थे कि वह लड़की बहुत ही होशियार है तथा बारहवीं कक्षा में अच्छा परिणाम लाकर आपकी ट्यूशन क्लास का नाम रोशन करने की पूरी क्षमता रखती थी। उस समय आपको अपनी ट्यूशन क्लास के नाम के साथ ही निस्बत थी। उस लड़की के विचारों तथा उसकी पसन्दगी की आपके मन में कोई कीमत ही नहीं थी।

बस, उसके बाद शुरू हुए आपके कटाक्षों के प्रहार। बात-बात में आप उसे पूरी क्लास के बीच सुनाया करते, "आजकल की नासमझ छोटी बच्चियाँ मुझे भविष्य सिखाने चली हैं।" क्योंकि उसने आपको कहा था कि, "सर, भविष्य में तो कम्प्यूटर ही उपयोगी होगा न!" एक दिन तो हद हो गई। आप कोई महत्त्वपूर्ण मुद्दा पढ़ा रहे थे तब किसी बात पर वह लड़की अपनी सहेली के सामने देख कर हँसी थी। आपने गुस्से में आकर 150 विद्यार्थियों की क्लास में लगातार तीन घंटे तक उस लड़की को कटाक्ष में बहुत कुछ कहा। वो कुछ इस तरह था, "मेरा कहना नहीं माना वे सभी पछताए ही हैं। सारी होशियारी उल्टी पड़ेगी! ऐसा ही यदि ओवर कॉन्फिडेंस रखेगी न, तो कब फेंक दी जाओगी इसका पता भी नहीं चलेगा...अपनी सारी होशियारी घर पर ही रख कर आना, मेरी क्लास में बैठना हो तो चुपचाप ही बैठना और नहीं अच्छा लगे तो चलते बनना।"

ऊपर से, जब ग्यारहवीं कक्षा की प्रथम परीक्षा का परिणाम आया तब उस लड़की के कम्प्यूटर में कम मार्क्स आए। तब से आप हमेशा उस लड़की को याद दिलाते रहे कि आपकी बात नहीं मानी और उसे जो ठीक लगा वही किया इसी कारण उसे परीक्षा में निष्फलता हाथ लगी है।

इसी तरह आप सुनाते रहे कि यदि वह खुद निर्णय लेगी तो कम्पटीशन से बाहर निकल जाएगी और कोई उसका भाव भी नहीं पूछेगा। एक शिक्षक होने के नाते कभी आपने उसे आश्वासन नहीं दिया या कभी हिम्मत नहीं बँधाई। बाद में आपने उसको चुनौती दी कि कम्प्यूटर विषय के साथ ही बोर्ड में अच्छा परिणाम लाकर दिखाए।

उसके बाद की हरेक परीक्षा में वह लड़की प्रथम स्थान पर रही लेकिन आपने कभी भी उसकी प्रशंसा नहीं की। इसके ठीक विपरीत आप क्लास में उसे सभी के बीच कहते, "तेरे इतने अधिक मार्क्स किस तरह से आ गए?" आप उसकी मम्मी से भी शिकायत करते। जब वह लड़की बारहवीं कक्षा की बोर्ड परीक्षा में अपने पूरे जिले में प्रथम स्थान आई उस समय भी आपके मन में असन्तोष तो रह ही जाता है कि मेरी बात मानी होती तो इससे भी अच्छा परिणाम आया होता!!!

आपने जिस लड़की को दो वर्ष इतने ताने मारे, मानसिक रूप से टॉर्चर किया वह थी मैं—कृष्णा। उन दो वर्षों में आपने कभी भी मेरे अभिप्रायों या मेरी दलीलों को समझने का प्रयास नहीं किया। आज मुझे आपसे बहुत कुछ पूछना है। आपने किसलिए एक होशियार आत्मविश्वासी, बहुमुखी प्रतिभावाली और विचारों से स्वतंत्र लड़की को जो अपने जीवन में कुछ नवीन रूप में अपनी अलग पहचान बनाना चाहती थी उसे प्रोत्साहित करने के बजाय अपमानित किया? आप किसलिए उसे अपने तरीके से मूल्यांकन करके, ताने मार मारकर समाज द्वारा बताए गए रास्ते पर चलाना चाहते थे?

मैं आपके ट्यूशन में आई उससे पहले मैं किसी शिक्षक से घबराती नहीं थी। लेकिन आपके ट्यूशन में पहले ही दिन से मुझे आपका डर लगने लगा। 150 विद्यार्थियों के क्लास में आप मेरी हँसी उड़ाते और ताना मारते, वह मुझे असह्य लगता और मेरे आत्मविश्वास को बहुत ठेस पहुँचती। मैं किसी से भी आँख नहीं मिला पाती और ऐसी आत्मग्लानि

महसूस करती जैसे मैं वास्तव में अपराधी हूँ। मेरे मित्रगण भी मेरी हँसी उड़ाते कि ट्यूशन में तो कृष्णा 'मोस्ट वांटेड' है। इन सभी बातों के कारण मैं मानसिक तनाव अनुभव करती। घर बैठकर मैं घंटों तक खूब रोती और हर महीने बीमार हो जाती। सर, किसी व्यक्ति को इस हद तक टॉर्चर करना और उसके आत्मविश्वास को ठेस पहुँचाना, क्या उचित है? वह भी इसलिए कि वह आपके विचारोंवाली छात्रा नहीं थी और आपके वैचारिक दायरे में फिट नहीं बैठती थी।

और यह बात सिर्फ मुझ अकेले की नहीं थी।

आपकी क्लास में आपके सिवा किसी को भी बोलने की इजाजत नहीं थी। आप हमारे क्लास के विद्यार्थियों की तुलना पहले के वर्ष के विद्यार्थियों से करते और हम लोग उन जैसे नहीं थे इसलिए आप हमें नासमझ, भंगार, जंगली, पशु जैसे विशेषणों से पुकार कर ही बुलाते। आपने कितनी ही बार हमें कहा था, "भंगारवाला-रद्दीवाला भी न ले जाए इस प्रकार के कचरे हो तुम सभी।" आप तो ऐसा भी कहते कि हमारे घर में हमें थाली में भोजन परोसते हैं या घास खिलाते हैं। आपकी नजर में कमजोर विद्यार्थी यदि मस्ती या शरारत करते पकड़े जाते तो आप उनकी नोटबुक फाड़ कर उनके गाल पर थप्पड़ मारते थे और बाल भी खींचते थे।

इस सन्दर्भ में मुझे आपसे पूछना है कि हमारी क्लास में से किसी एक बच्चे को भी आप क्या अच्छी तरह से जानते थे? उन सबके घर की परिस्थिति क्या है, उनका अनुभव क्या है, उनकी रुचि का विषय क्या है, जिन्दगी में क्या करना चाहते हैं इत्यादि? इसमें से किसी एक के बारे में भी आपको जानकारी नहीं थी। फिर किस अधिकार से आप सभी को जैसा-तैसा बोलते थे? और मारते थे?

इन दो वर्षों के दरम्यान मैंने यह भी देखा कि लड़के-लड़की की मित्रता आपको बहुत खटकती और आप हमेशा स्त्रीजाति को नीचा दिखाने

का प्रयास करते। भूल से भी यदि कोई लड़की बात करते पकड़ी गई तो आप तुरन्त कहते, "औरतों जैसा मत करो। औरत जात को पंचायत के सिवाय कुछ नहीं आता और उन्हें पढ़-लिखकर खाना ही बनाना है, इससे बुद्धि भी उतनी ही होगी।" सर, आप जब स्त्री जाति के खिलाफ बोलते तब मुझे आप पर सचमुच बहुत गुस्सा आता। मुझे लगता कि आपकी विचार-शैली कितनी घटिया है। स्त्रियों को अपने पूर्वग्रहों से मूल्यांकित करके आपने जो धारणाएँ बना ली थीं और क्लास में आप जो बोलते थे, वह आप जैसे शिक्षाविद् को क्या शोभा देता है! जब आप लड़कियों को जनानियों के बारे में कहते तब उसकी छाप क्लास के लड़कों पर कैसी खराब पड़ सकती है, क्या इसका अन्दाज आपको था या नहीं?

आप हमेशा लड़कियों पर ही कंट्रोल रखने के लिए क्यों कहते? हमारा संविधान भी प्रत्येक नागरिक को जीने के लिए समान अधिकार प्रदान करता है, तो आप भेदभाव क्यों करते थे? लड़कियाँ भी विद्यार्थी ही हैं न? हमें भी हँसी-मजाक करने का उतना ही हक था। आप कहते कि लड़कियों को अमुक छूट नहीं ही देनी चाहिए। सच कहूँ, "लड़कियाँ यह नहीं ही कर सकतीं और लड़के जो चाहे कर सकते हैं।" आपकी यह विचारधारा मुझे आज तक समझ में नहीं आई, शायद कभी भी समझ में नहीं आएगी। आपके जैसी विचारधारा रखनेवाले लोगों के कारण ही आज लड़कियों की संख्या कम हो रही है। आप कहते कि लड़कियाँ कम बुद्धि की होती हैं। आपके इन सभी वाक्यों और अभिप्रायों से यह नहीं साबित होता कि आप विचारों से बहुत बौने हो?

खैर, मुझे आपसे और भी बहुत कुछ पूछना है। जो बच्चे एक ही लीक पर चलने के आदी हो गए हों उन्हें किसलिए समझदार माना जाता है? और जो बच्चे लीक पर चलने के बजाय अपनी अलग दुनिया खड़ी करते हैं उन्हें जिद्दी-शैतान, बदमाश और 'कुछ ज्यादा ही सयाने' क्यों माना जाता है? विद्यार्थी के रिजल्ट को ही उसकी पहचान क्यों

माना जाता है? क्या तीन घंटे की परीक्षा लेकर किसी की प्रतिभाओं को जाना जा सकता है? आज का बच्चा शिक्षकों से जितना हो सके उतना दूर रहने का प्रयत्न क्यों करता है? क्या बच्चों में कोई कमी है या फिर शिक्षकों ने अपने आपको एक सीमित दीवाल में चुन लिया है? विद्यार्थी की किसी भूल को सभी के बीच उजागर करके उसके आत्मसम्मान को ठेस क्यों पहुँचाई जाती है? क्या शिक्षक स्वयं सकारात्मकता भूल चुके हैं? पाठशाला सही मायने में पाठशाला है? शिक्षक सच्चे अर्थों में शिक्षक हैं? ऐसे तो कितने ही प्रश्न हैं...

भवदीय
आपकी क्रान्तिकारी विद्यार्थी
कृष्णा

18

आपने मेरे भीतर नफ़रत भर दी!

प्रिय शिक्षक,

मैं फाल्गुनी हूँ। हाईस्कूल में नौवीं कक्षा में पढ़ती हूँ। आज मैं अपने पिछले चार वर्षों की यादें ताजा करना चाहती हूँ।

जब भी शिक्षक की बात निकले मुझे एक ही शिक्षक बार-बार याद आए, और वह शिक्षक हैं आप। आप मेरे मन में और दिमाग में बहुत बुरी तरह बस गए थे। आपका स्वभाव बहुत सख्त और गुस्सेवाला था। आप हमारे अंग्रेजी और पी.टी. विषय के शिक्षक थे। मैं पाँचवीं कक्षा से आपके परिचय में आई।

पाँचवीं कक्षा में वर्ष के पहले दिन आपका पहली बार पीरियड था। इससे पहले अन्य सभी कक्षाओं से जानकारी मिली थी कि "वो सर तो बहुत कड़क हैं, उनसे सावधान रहना।" ऐसा सुना होने से हम सभी आपके आने से पहले शान्त होकर बैठ गए। आप जब आए तब हम सभी शान्तिपूर्वक खड़े होकर गुड मॉर्निंग कहकर बैठ गए। फिर आपने अपना नाम बताया, उसी समय हम में से एक लड़का खिड़की से बाहर देख रहा था। आपने यह देख लिया और उस लड़के को झुककर खड़े रहने की सजा दी। मैं डर गई—गर्दन घुमाने पर भी सजा मिल सकती है! मैं आपके पीरियड में बहुत सावधान होकर बैठती। आप बहुत अच्छी तरह पढ़ाते, लेकिन मुझे एक ही बात बार-बार खटकती कि शिक्षक तो अच्छे हैं तो पहले ही दिन उन्होंने दंडित क्यों किया? इसका उत्तर एक दूसरे शिक्षक

से मिला। वो आते तब हम लोग उनके सामने बहुत हँसी-मजाक करते। एक दिन उन्होंने ताना मारा, "मैंने आपके अंग्रेजी के शिक्षक की तरह पहले ही दिन सजा देकर आपके मन में डर नहीं पैदा किया, इसलिए? इसलिए आप मुझे परेशान करते हो?" यह सुनते ही मुझे लगा कि क्या शिक्षक बच्चों के मन में डर पैदा करने के लिए ऐसा भी कर सकता है?

शुरुआत में आप हमारा पीरियड नियमित लेते। लेकिन जब एक दो महीने बीत गए उसके बाद सप्ताह के पाँच पीरियड में से बड़ी मुश्किल से दो ही लेते। हमारी क्लास की मॉनिटर आपको बुलाकर वापस लौटती तब कहती कि सर किसी के साथ फोन पर बात कर रहे हैं। इस तरह आप बहुत कम पीरियड लेते लेकिन जब लेते तब दस पन्द्रह पन्ने का लेसन दे देते। इतना ही नहीं बल्कि वह दूसरे दिन बताना ही होता। लेसन बाकी रह जाता तो आप बाहर निकाल कर झुककर खड़े रहने की सजा देते। एक बार उसमें से एक लड़की को बहुत उल्टी होने लगी और उसकी तबीयत खराब हो गई। मैं तो यह सब देख कर डर के मारे रात के बारह-एक बजे तक लेसन करती।

बाद में मैं छठी कक्षा में आई और तब आप हमारे क्लास टीचर थे। आपने क्लास में मॉनिटरों को सूचना दी थी कि "मेरी अनुपस्थिति में आवाज करनेवाले को कड़ी से कड़ी सजा दी जाए।" एक दिन आप नहीं थे। मुझे एक पुस्तक की आवश्यकता थी जो मैंने दूसरी लड़की से माँगा। इसके लिए मॉनिटर ने आपकी सूचना के अनुसार मुझे खड़े होने की सजा दी और थोड़ी देर बाद क्लास के बाहर झुककर खड़े रहने की सजा दी। मुझे कभी भी किसी शिक्षक के द्वारा सजा नहीं मिली थी। सभी देखेंगे और क्या कहेंगे यह सोच कर मैं बाहर नहीं जा रही थी तो मॉनिटर मुझे जबरदस्ती पकड़कर बाहर ले जाने लगी। मैं इतना अधिक रो रही थी कि उस दिन मुझे मिरगी का दौरा पड़ गया! मुझे अस्पताल ले जाया गया और मेरे माता-पिता को बुलाया गया।

आप मेरे पी.टी. शिक्षक थे, इसलिए एक बार जब सभी बहुत शोर मचा रहे थे तब आप क्लास में आए और पूरी क्लास को झुक कर खड़े रहने की सजा दी और कहा "अब दो साल तक आपका पी.टी. का पीरियड बन्द।" हमें बड़ी मुश्किल से साथ रहकर खेलने का एक पीरियड मिलता, वह भी बन्द हो गया। हम सभी दुखी थे। इसलिए हमने आपसे माफी माँगी। लेकिन आप नहीं माने। हालाँकि सही बात बाद में मालूम हुई। आपका अभ्यासक्रम पूरा नहीं हुआ होने से हमें पी.टी. के पीरियड में भी पढ़ाना चाहते थे। इस तरह आपका हेतु पूरा करने के लिए छठी कक्षा में हमारा पी.टी. का पीरियड बन्द हो गया। हमारे लिए बस स्कूल में जाना, चुपचाप पढ़ना और घर वापस।

सातवीं में भी आप हमें अंग्रेजी पढ़ाते। जब भी प्रश्न पूछते तब उत्तर देने के लिए आपके ट्यूशन में आनेवाले विद्यार्थियों को ही आप खड़ा करते। आपके ट्यूशन में नहीं जानेवाले तो बस उँगली ऊँची कर कर के हाथ दुखाते रह जाते। हमेशा आप अपने ट्यूशन के स्टुडेंट्स पर ध्यान देकर कहते, "मुझे तो ऐसा लगता है कि वैसे ये लोग ही पढ़ने आते हैं और आप लोग प्रदर्शन में शोभा बढ़ाने आए हो..."

मुझे याद है आपको चेस खेलना बहुत पसन्द था। इतना कि आप हमारे पीरियड में हमारी ही क्लास के दो-तीन लड़कों को अपने साथ चेस खेलने के लिए नीचे प्ले रूम में ले जाते और हमारे हिस्से में मॉनिटर के साथ क्लास में चुपचाप बैठे रहना आता। थोड़े समय बाद आप अपने पीरियड में तो हमें पढ़ाने लगे परन्तु दूसरे शिक्षक के पीरियड में उन विद्यार्थियों से चेस खेलने के लिए करवाते। इस तरह उन दोनों विद्यार्थियों को पीरियड से गुल्ली करने की आदत हो गई।

खैर, सातवीं पूरी हुई मैं आठवीं में आई। तब मुझे एक लड़के के साथ बैठाया गया। यह लड़का आपके ट्यूशन में आता था। उसके साथ मेरा संवाद इस तरह रहा:

मैं : ट्यूशन में कैसा पढ़ाते हैं?

लड़का : अच्छा, लेकिन मुझे चाबुक से बहुत मारते हैं।

मैं (दुखी होकर) : तो ट्यूशन क्यों नहीं छोड़ देते?

लड़का : मार्क्स के लिए भी सोचना पड़ता है या नहीं?

मैं : मैं उनके ट्यूशन में नहीं जाती तो भी मुझे मार्क्स तो मिलते ही हैं न?

लड़का : तुझे मेहनत करने से मिलता है, हमें ट्यूशन की फीस भरने से मिलते हैं। इसलिए थोड़ी मार तो सहनी पड़ती है।

इस बातचीत से मुझे लगा कि जितने भी उनके ट्यूशन में जाते हैं बीसं-पच्चीस स्टुडेंट्स—आखिर वे तो आलस और भ्रष्टाचार को ही पोषित कर रहे हैं न?

अब मैं बात करूँगी उस घटना की जिसका मुझ पर बहुत बड़ा असर पड़ा। हमारी आठवीं क्लास की वार्षिक परीक्षा में एक महीना बाकी था और अंग्रेजी विषय का आधे से ज्यादा अभ्यासक्रम पढ़ाना बाकी था। आपने ऐसा नियम बनाया था कि कोई भी व्यक्ति प्रश्न का उत्तर पूरा बोल ले, उसके बाद ही स्वाध्याय पोथी में उत्तर लिखना। लिखने के लिए बहुत कम समय मिलता। एक लड़की ने इसलिए आपका नियम तोड़ा और आपने पूरी क्लास को सजा दी। आपने कहा कि "मैं बस यूनिट चलाऊँगा, आपको बहुत आता है तो आप खुद ही स्वाध्याय पोथी भर लीजिए।" हालाँकि मुझे ऐसा लगता है अभ्यासक्रम आधा बाकी होने से आपको झटपट पूरा करने का मानो बहाना मिल गया था। हम सभी दुखी हुए लेकिन दूसरा कोई रास्ता नहीं था। एक सप्ताह तक ऐसे चला। फिर एक दिन आपके ट्यूशन की दो लड़कियों ने क्लास में खड़े होकर आपसे झूठ-मूठ की माफी माँगी और सभी उत्तर उनसे ही पूछने के लिए कहा। आप भी फिर सभी सवाल उनसे ही पूछने लगे।

मुझे लगा कि इन दोनों ने माफी माँगी इसलिए इन्हें हमेशा अधिक मार्क्स मिलेंगे। मेरा दूसरा नम्बर आता है लेकिन इस बार यदि मैंने आपसे

माफी नहीं माँगी तो मुझे मार्क्स कम मिलेंगे। दूसरी तरफ यदि मैं गलत कारण से माफी माँगूगी तो मेरे हरेक मित्र का मुझ पर से विश्वास उठ जाएगा...क्या करूँ? भीतर से माफी माँगना चाहती ही नहीं थी। फिर भी बाहरी तौर पर माफी माँगने अलग से आपके पास आई। आपने उत्तर देते हुए कहा, "क्यों, सबके सामने माफी माँगते हुए शर्म आती थी? तू बहुत खराब लड़की हो गई है। तुझे सुधारने के लिए हम शिक्षकों ने मीटिंग आयोजित की थी, हम तुझे सुधार कर ही रहेंगे।"

यह सुनकर मैं रो पड़ी। हमेशा मेरी प्रशंसा करनेवाले शिक्षकों ने क्या वास्तव में मीटिंग की होगी? उस दिन माफी माँगने की जो घटना घटित हुई उससे मैं बहुत दुखी हुई। उस दिन मैं सचमुच निष्फल रही क्योंकि सत्य का साथ देने के बदले मुझे झूठ का साथ देना पड़ा। आपके अन्याय का विरोध करने के बजाय मैं माफी माँगने लगी!

इन चार वर्षों में मैं कितना बदल गई। चौथी क्लास में थी तब सत्य को परख कर तुरन्त बोल देती। नम्र रहना, सभी को सम्मान देना, खुली किताब जैसी थी मैं। नफरत को जानती नहीं थी, लेकिन आपका बर्ताव देखकर नफरत नाम की चीज मुझमें जन्मी। मुझमें नकारात्मकता जैसे कूट-कूट कर भर गई। तब मुझे हरेक शिक्षक को देखकर ऐसा लगता कि कोई भी शिक्षक अच्छा नहीं है।

बहुत ही दुःख के साथ बताना चाहती हूँ कि आप ही वह शिक्षक हैं जिसके कारण खेल का महत्त्व हम भूल गए, आप ही वह शिक्षक हैं जिसके कारण भेदभाव क्या होता है, इसकी जानकारी मिली। आपके बर्ताव से मुझमें कई प्रश्न जन्मे—आप उनके उत्तर दोगे?

- माता-पिता अपने बच्चों को शिक्षक के पास छोड़ देते हैं, लेकिन क्या शिक्षक के रूप में आप माँ-बाप के इस विश्वास को समझते हैं?
- बच्चे को पढ़ाने के लिए क्या शिक्षक को उनमें डर पैदा करना जरूरी है?

- क्या बच्चे को शारीरिक तकलीफ पहुँचाई जाए तभी उसमें सुधार होता है?
- शिक्षक के लिए पढ़ाना उसके लिए मात्र व्यवसाय है या फिर उनके विद्यार्थी के जीवन पर उसका प्रभाव भी उनके मन में कोई महत्त्व रखता है?
- समाज का भविष्य शिक्षक के हाथ में है, ऐसा कहा जाता है, तब उपरोक्त ढंग से वे क्या भविष्य बना सकेंगे?
- शिक्षक के कारण बच्चों में नकारात्मकता का उद्भव होता है इसके लिए बच्चों को खराब कहना उचित है?
- क्या अभ्यासक्रम ही पूरा करने के लिए है?
- मेरी जगह वह विद्यार्थी आप होते तो क्या करते?
- ट्यूशन में आनेवाले और नहीं आनेवाले विद्यार्थियों के बीच भेदभाव करना, क्या वह भी अभ्यासक्रम में आता है?
  ऐसा सब करके आपको क्या फीलिंग होती है?
- कोई बच्चा आपसे पढ़कर आप जैसा शिक्षक बनेगा तो आप क्या सोचेंगे?

ऐसे तो कई प्रश्न मेरे मन में है। मेरे साथ पढ़ते विद्यार्थी और छात्राओं के मन में भी होगें। अब आपको ही तय करना है कि आप कैसे व्यक्ति हैं?

भवदीय
आपकी खराब विद्यार्थी
फाल्गुनी

19

क्या लड़की होना अपराध है?

प्रिय आचार्य महोदय,

मुझे तीन साल पहले एक अनुभव हुआ था जो मैं आपसे पहले ही कहना चाहती थी, परन्तु कह न सकी, उसे आज इस पत्र के माध्यम से कह रही हूँ।

वर्ष 2015 में जब मैं आठवीं क्लास में थी तब मैंने और मेरी कुछ सहेलियों ने देशभक्ति गीत प्रतियोगिता में भाग लिया था। तैयारी करने के लिए सिर्फ एक सप्ताह का ही समय मिला था, जिसके लिए सोमवार से शुक्रवार एक्स्ट्रा एक घंटा रुकना था। आप और सात बच्चों के सिवाय पूरी स्कूल में कोई नहीं था। संगीत के सर को आने में अभी देरी थी।

आपको तो याद ही होगा कि आपने हम सभी को ग्राउंड पर खेलने जाने के लिए कहा, हम खेलने के लिए तो चले गए लेकिन उस दिन का आपका स्वभाव मुझे खटका। आप हमेशा हमें पढ़ने के लिए ही कहते और पहली बार आपने खेलने के लिए सामने से कहा। हम थोड़ा बहुत खेले लेकिन मैदान गीला होने से ज्यादा न खेल सके। ऐसे में अचानक खयाल आया कि कृष्णा कहाँ गई? फिर हमारे एक मित्र ने कहा, "चलो हम वापस जाएँ, यहाँ मजा नहीं

आता। " वापस लौटे और हॉल में जाकर देखा तो कृष्णा सिसक-सिसककर रो रही थी।

उसके बाद आपके साथ हुई भयंकर मुलाकात के बारे में कृष्णा ने मुझे बताया। आपने उसे स्कूल के गर्ल्स वॉशरूम में बुलाकर उसके साथ छेड़खानी करने की कोशिश की। कृष्णा ने बहुत कुछ बताया कि आप उसके साथ कितनी गन्दी बातें करते थे। "यह सब करने की यही तो उम्र है, अभी नहीं करोगी तो कब करोगी।" ऐसा कहकर आपने उसे बहुत ही डाँटा और उससे लिपट गए। उस समय मुझे आप पर बहुत गुस्सा आता था। यदि मैं छात्रा न होती तो दो थप्पड़ लगाए होते। आपके गन्दे विचारों ने मुझे पूरी रात सोने नहीं दिया। आपने एक आचार्य के रूप में हम सभी का विश्वास तोड़ा था।

मुझे ऐसा लगा कि वास्तव में यह बात गलत होगी। लेकिन हकीकत को कौन बदल सका है? कृष्णा एक हँसती-खेलती, मस्तमौला लड़की अत्यन्त गुमसुम रहने लगी। आपके गन्दे विचार-व्यवहार का उस पर गहरा असर हुआ था। आपको एक बार भी विचार नहीं आया कि इस बच्ची की जिन्दगी का क्या होगा? और हाँ, यह बात किसी को मालूम हुई होती तो आपकी इज्जत क्या रहती? एक आचार्य के रूप में अपनी जिम्मेदारी आपने नहीं निभाई। आपने हम पर बहुत ही खराब असर डाला था।

अपनी बहन, अपनी बेटी के साथ भी आप ऐसा ही बर्ताव करते होंगे? मात्र सुनकर और सोचकर मेरी ऐसी हालत हुई तो कृष्णा की कैसी हालत हुई होगी? उसकी तो हम कल्पना भी नहीं कर सकते। कृष्णा की ऐसी हालत के लिए मात्र आप जिम्मेदार हो। इस दुनिया में लड़की होना क्या अपराध है? सभी जुल्म और दुःख लड़कियों पर ही क्यों? दुनिया के ऐसे गन्दे लोगों का शिकार मात्र लड़कियों को ही क्यों बनना पड़ता है?

मैं तो स्कूल छोड़कर चली गई लेकिन क्या हरेक जगह से लड़कियों को भागना ही पड़ेगा? वैसे तो बहुत से क्षेत्रों में स्त्रियाँ आगे दिखाई देती हैं परन्तु अन्त में तो पुरुषप्रधान समाज ने उसकी इच्छाओं, भावनाओं और सपनों को कुचल ही डाला है...

भवदीय
आपकी दुखी विद्यार्थी
मुक्ता

20

शिक्षा-व्यवस्था खराब है या शिक्षक?

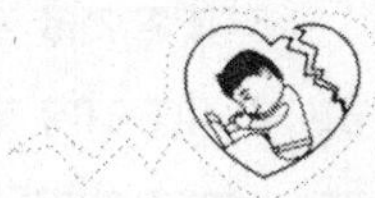

माननीय शिक्षक महोदय,

आपको याद होगा कि मैं दो वर्ष पहले यानी कि दसवीं कक्षा में आपकी क्लासेस में पढ़ता था और आप मेरे गणित के शिक्षक थे।

मुझे याद है कि अप्रैल महीना था और मैं ट्यूशन के बारे में कन्फर्म करने आया था। और उसके ही दो दिन बाद मैं आपके पास पढ़ने आया था। अपनी क्लासेस की होम-बैच में हम सिर्फ बारह विद्यार्थी ही थे। अपनी क्लास में मेरा परफॉरमेंस दूसरे विद्यार्थियों जितना अच्छा नहीं था। मैं क्लासेस में आया तब मुझे बहुत आनन्द हुआ था, लेकिन आपका वास्तविक चेहरा तब सामने आया जब मेरे साथ एक घटना घटी, जिसके बारे में आप भी अच्छी तरह जानते हैं।

क्लास में मेरा दूसरा दिन था और मैं मित्रों के साथ थोड़ा हँसी-मजाक कर रहा था। आपने मुझसे गुस्से से पूछा कि, "हँस क्यों रहा है?" तो मैं कुछ नहीं बोला। आपने फिर और अधिक गुस्से से पूछा तो मैंने आपके डर से गलत बताया कि "ठंड है इसलिए जीव-जन्तुओं की वजह से हँसता था।" मुझे झूठ बोलना भी नहीं आता था। इसलिए आपने मुझे खड़ा किया था। मैंने आपसे विनती की थी कि मुझे बैठा दीजिए। तब आपने कहा कि, "थोड़े प्रश्नों के उत्तर दो तो बैठा दूँ।"

और मैंने मना किया। फिर भी आपने पूछे और उत्तर सही ही निकले, परन्तु आपने मुझसे उठक-बैठक करवाई। लेकिन शान्ति से बैठने नहीं दिया। इतनी तकलीफ देने के बाद आपने फिर से मुझे बेतहाशा पीटा। मेरे माता-पिता दूसरे शहर, सूरत में रहते थे, इसलिए मुझे यह चुपचाप सहना पड़ा।

दूसरे सप्ताह से हर रोज कुछ न कुछ मुँहजबानी याद करने के लिए देते थे और आप केवल स्कूल के रिजल्ट में ही विश्वास करते थे। एक दिन आपने मुझसे प्रश्न पूछा, मुझे कुछ भी नहीं आता था, लेकिन मैं नया विद्यार्थी था इसलिए आपने मुझे जाने दिया। लेकिन उसके बाद के सप्ताह में आपने फिर से प्रश्न पूछे थे। मैंने उत्तर भी दिये लेकिन सही नहीं थे इसलिए आपने मुझे मारा था।

मुझे लगा कि सर अब नहीं मारेंगे, लेकिन दूसरे दिन लेसन में भूल थी तब आपने बहुत मारा था और बहुत से ऐसे शब्द कहे थे जिनसे मुझे दुःख पहुँचे। मैं कह नहीं सकता कि कैसे शब्द थे।

हमारी शिक्षा व्यवस्था खराब है या शिक्षक? क्या मात्र सात विषय ही पाँच फुट के आदमी का रास्ता तैयार करते हैं? क्या पढ़े बिना कुछ नहीं किया जा सकता? नहीं पढ़ना हो तो भी पढ़कर अपने टेलेंट को दबा देना होगा?

भवदीय
आपका मन्दबुद्धि विद्यार्थी
रसिक

21

शिक्षक के नाम पर कलंक हैं आप!

रतन सर,

आज से चार साल पहले यानी कि सन् 2014 में, मैं आपके स्कूल में नवीं कक्षा में पढ़ती थी। उस समय हमारा वह स्कूल बहुत ही सुन्दर और अच्छा था। हमारे सभी शिक्षक भी बहुत ही अच्छे, समझदार और बहुत ही प्रिय थे। जिनमें एक आप भी थे, सर। मैं और मेरी पूरी क्लास आपको बहुत चाहते थे, क्योंकि आप ही हमें खूब हँसी-मजाक करवाते थे। हम तो ऐसा मानते थे कि आप सभी शिक्षकों में सबसे अधिक समझदार और प्यार से भरे होंगे। लेकिन मेरा ये सब सोचना अचानक गलत साबित हुआ। आपका अजीब बर्ताव ने मुझे और मेरी क्लास की बहुत सी लड़कियों को हिला दिया था, जो कुछ इस प्रकार था :

आप नवीं कक्षा में हमें कम्प्यूटर विषय पढ़ाते थे। आपकी पत्नी भी हमारे स्कूल में ही कम्प्यूटर की शिक्षिका थीं। वे हमें थ्योरी पढ़ाने के लिए क्लासरूम में आतीं और आप प्रैक्टिकल कम्प्यूटर लैब में करवाते। प्रैक्टिकल करते समय आपके सिखाने के बाद हमें खुद करना होता था। यदि समझ में न आए तो हम सभी आपको बुला कर पूछते।

एक बार इसी प्रकार आपसे कुछ पूछने के लिए मैंने बुलाया था। और आप अपनी आदत के अनुसार बर्ताव करने लगे। निजी अंगों को

जान बूझकर हाथ लगाते, जो मुझे बिलकुल अच्छा नहीं लगा। आप माउस सरलता से पकड़ सकने के बावजूद आपने अपना हाथ मेरे हाथ और शरीर के बीच डालकर माउस पकड़ा, जो बहुत ही बकवास और वाहियात बर्ताव था। मुझे बहुत ही गन्दा फील हुआ। मुझे तो ऐसा लगा कि आपने ऐसा बेहूदा व्यवहार शायद मेरे साथ ही किया होगा। हिम्मत करके मैंने यह बात अपनी मित्र और क्लासरूम की बाकी लड़कियों से कही तो मालूम हुआ कि आपने अधिकांश लड़कियों के साथ ऐसा व्यवहार किया है। आपका यह व्यवहार बहुत ही बेहूदा, गन्दा और शर्मनाक था जिसके कारण मैं आज तक किसी शिक्षक पर विश्वास नहीं कर पाती।

मैं उस समय बहुत ही छोटी थी इसलिए इतनी हिम्मत न कर सकी कि आपको कुछ कहूँ। लेकिन मैं आज तक यह नहीं भूल सकी कि एक शिक्षक इतना नीचे गिर सकता है! गुरु और शिष्य की कहानी बहुत-सी सुनी है। एकलव्य की कहानी को ही ले लीजिए। परन्तु मैं आज भी समझ नहीं पाई कि एकलव्य जैसे बच्चे तो अभी भी दुनिया में जीवित हैं परन्तु क्या द्रोणाचार्य जैसे गुरु हैं इस दुनिया में? क्या हमारे देश में ऐसे ही शिक्षक हैं?

शिक्षक के रूप में आप अपनी भूमिका निभाने में असफल साबित हुए हैं, सर! ऐसा गन्दा बर्ताव करने के बाद आपको रात में नींद भी किस तरह आती होगी? दूसरे दिन वही मुँह लेकर स्कूल आते हुए आपको शर्म नहीं आती। अपनी बेटी का फोटो मोबाइल के वॉलपेपर पर रखते हो और दूसरों की बेटियों का क्या? ऐसा विचार आपको नहीं आता?

शिक्षक के नाम पर कलंक हैं आप। आपको कोई अधिकार नहीं है कि स्कूल जैसे पवित्र मन्दिर में ऐसी गन्दी हरकतें करें। मेरा बस चले तो मैं आपको आजीवन कारावास में डाल दूँ। आपको दो थप्पड़

मारने की इच्छा होती है, आज भी। आपके जैसे गन्दी सोच रखनेवाले शिक्षकों को तो समाज से बाहर निकाल देना चाहिए, जो दूसरों का जीवन बिगाड़ने से पहले एक क्षण के लिए भी नहीं सोचते हैं। अपने-आप पर थोड़ी भी शर्म आती हो तो मेहरबानी कर कभी भी किसी लड़की के साथ ऐसी गन्दी हरकत मत करना और करने से पहले अपनी बेटी का विचार कर लेना।

भवदीय
आपकी व्यथित विद्यार्थी
गरिमा

22

पाँच सौ उठक-बैठक की सजा!

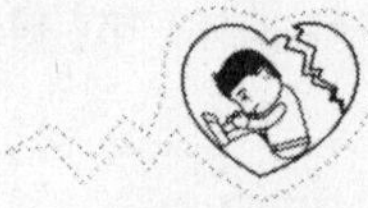

आदरणीय बीना मैडम,

आपको याद होगा कि आप चौथी-पाँचवीं कक्षा में पढ़ाती थीं मैं तब का विद्यार्थी मयंक।

मैडम मैं जब एक दिन स्कूल में बातें करता हुआ पकड़ा गया था, तब आपने मॉनिटर की हाजिरी में पाँच सौ उठक-बैठक की कड़ी सजा दी थी। तब आप इस बात से अनजान थीं कि मॉनिटर मेरा मित्र होने से मैंने सिर्फ तीन सौ उठक-बैठक की थी। आपको बताया गया कि पाँच सौ उठक-बैठक हो गई हैं।

मेरे घर से मेरी स्कूल सिर्फ एक किलोमीटर की दूरी पर थी और पाँच सौ की बात तो दूर मैं सिर्फ तीन सौ उठक-बैठक में ही लँगड़ाने लगा था। मैं दो-तीन कदम चलने के बाद गिर जाता, इसलिए मेरा एक दोस्त मुझे अपनी साइकिल पर बैठाकर घर छोड़ने आया था। यह बात मेरी दादी को मालूम होते ही उन्होंने स्कूल में आकर आपको स्टाफरूम के बीच गाल पर तमाचा मारा था। उठक-बैठक के कारण मैं एक दिन स्कूल में गैरहाजिर भी रहा था।

किसी भी शिक्षक को बच्चे को दंड देने का अधिकार है लेकिन ऐसी कड़ी सजा आप नहीं दे सकते। मेरे शरीर को उस समय क्षति भी

पहुँची थी लेकिन मैं आपके सामने दलील करने से डरता था कि कहीं सजा पाँच सौ से बढ़कर सात सौ हो जाए तो?

मैं मानता हूँ कि आपको उस समय बहुत अपमानजनक लगा होगा कि अभिभावक ने एक शिक्षक को तमाचा मारा। लेकिन इससे अधिक दु:ख और गुस्सा मेरी दादी को आया था।

आपको क्या लगता है, आपने जो सजा दी वह ठीक है? क्या शिक्षक को ऐसी सजा देने का अधिकार है? क्या अब अभिभावकों को शिक्षकों को नियंत्रण में रखने के लिए उन पर हाथ उठाना पड़ेगा? क्या आपको ऐसी क्रूरता के कारण स्कूल में रहने का अधिकार है? क्या आप जैसे शिक्षकों के कारण शिक्षकों की पूरी कम्यूनिटी बदनाम होगी?

भवदीय
आपका बातूनी विद्यार्थी
मयंक

23

ऐसा करके क्या आनन्द मिला आपको?

माननीय बिंदु टीचर,

मैंने नये स्कूल में दूसरी कक्षा में प्रवेश लिया। नये स्कूल और नये शिक्षक—इसके लिए मैं बहुत उत्साहित थी। जैसे-जैसे समय बीता, वैसे-वैसे मैं सभी शिक्षकों की चहेती बन गई। स्कूल की सभी प्रतियोगिताओं में हमेशा आगे और पढ़ाई में भी अच्छी थी इसलिए सभी शिक्षक मुझे मानते, परन्तु समय ने एक अलग ही मोड़ लिया।

स्कूल में लगभग हर सप्ताह परीक्षा ली जाती और उसके मार्क्स वार्षिक परीक्षा में रखे जाते। हमेशा उस परीक्षा में मेरे अच्छे मार्क्स आते, लेकिन बाद में अचानक कुछ ऐसा हुआ कि जो मेरे माता-पिता और शिक्षकों के लिए अविश्वसनीय था, मुझे विषय याद नहीं है, लेकिन जो लड़की परीक्षा में पचास मार्क्स में से पैंतालिस और इकतालिस मार्क्स लाती थी, उसके अचानक सत्रह, अठारह, सत्ताइस मार्क्स आने लगे, ऐसा कैसे हो सकता है? छोटे बच्चे के लिए तो क्या पहला नम्बर और क्या अन्तिम नम्बर? वे तो सिर्फ शाबाशी और हिदायत में ही समझते हैं। मेरे माता-पिता को लगा कि मैं खेलकूद के कारण पढ़ाई पर ध्यान नहीं दे रही इसलिए मेरा खेल का समय कम हो गया। एक बच्चे के लिए पढ़ाई की अपेक्षा खेल का

महत्त्व अधिक होता है। मैं तो कुछ समझ ही न पाई कि ऐसा अचानक क्या हो गया है कि मुझे अब पहले जितना खेलने नहीं दिया जाता? और एक बार नहीं लेकिन कई बार ऐसा हुआ—मेरे कम मार्क्स आए।

मैं तीसरी कक्षा में पहुँची तब भी ऐसा ही चलता रहा। अमुक शिक्षकों को शंका हुई कि अचानक ऐसा क्यों होता है? इसलिए वे लोग मुझ पर ध्यान रखने लगे। और सभी प्रश्नों का उत्तर उन्हें मिल गया।

लगभग दूसरी कक्षा से ही आपका आग्रह रहा था कि मैं आपके यहाँ ट्यूशन आऊँ, क्योंकि मैं होशियार थी और इससे मेरे रिजल्ट में आपका नाम जुड़ जाता। परन्तु तब मेरे माता-पिता को मुझे ट्यूशन भेजने की कोई आवश्यकता नहीं दिखी और जब जरूरत महसूस हुई तो उन्होंने मुझे उनकी पहचान के शिक्षक के पास भेजा जो उसी स्कूल में थे। आपको यह बात अच्छी नहीं लगी कि मैं आपके यहाँ ट्यूशन में नहीं आई और आपके बदले दूसरे शिक्षक के यहाँ गई। वैसे भी आपको पहले से उन पर गुस्सा था क्योंकि स्कूल के बहुत से विद्यार्थी उनके यहाँ ट्यूशन में जाते और आप कुछ न कर पाते। लेकिन इस बार शायद आपको मौका मिला और आप उसे गँवाना नहीं चाहते थे।

इन सभी बातों की जानकारी अन्य शिक्षकों को भी हुई और वे लोग मुझ पर और आप पर नजर रखने लगे। अब जब स्कूल में परीक्षा शुरू हुई तब वे लोग सुपरविजन में आते और मेरा पेपर देखते कि मैं उत्तर सही लिख रही हूँ या गलत। और जब पेपर जाँच कर आए तब वे सभी चौंक पड़े। क्योंकि मैंने जब अपने उत्तर लिखे थे तब सही थे, लेकिन पेपर चेक होकर आए तब गलत और कम मार्क्स आए। तब उन्हें मालूम हुआ कि आप मेरा सही उत्तर मिटाकर वहाँ गलत उत्तर लिखते हो।

इस तरह की बहुत-सी घटनाएँ हुईं। जैसे कि मैं किसी भी प्रतियोगिता में हिस्सा लूँ तो मेरा पहला या दूसरा नम्बर ही आता था, लेकिन यह आपको अच्छा नहीं लगता, और एक दूसरी-तीसरी कक्षा में पढ़ते बच्चे

के सामने आपने एक विरोधी-प्रतिस्पर्धा शुरू की। और एक प्रतियोगिता शुरू की कि आपके ट्यूशन में आनेवाली लड़की ही आगे जाए, और यह बहुत लम्बे समय तक चला। इसके लिए शिक्षकों ने आपका विरोध किया और आपको बहुत उलाहना दिया।

लेकिन यहाँ सवाल यह है कि एक दूसरी कक्षा में पढ़ते बच्चे के साथ आपको ऐसा व्यवहार करते हुए शर्म नहीं आई? माना जाता है कि जिन्दगी में माता-पिता से भी अधिक ऊँचा स्थान गुरु का है। माता पिता तो सिर्फ प्रेम और संस्कार देते हैं, लेकिन गुरु आत्मविश्वास, स्वाभिमान, विद्या देते हैं और बच्चे का भविष्य निर्मित करते हैं। गुरु बच्चे को अच्छे-बुरे की समझ देते हैं। गुरु बच्चों को जीवन का सही रास्ता बताते और भेदभाव, अहंकार, द्वेष की भावना नहीं रखने की बात सिखाते हैं, लेकिन जो नहीं सिखाना चाहिए, आपने वह सिखा दिया।

माननीय शिक्षक! छोटे बच्चे के लिए प्रतियोगिता जैसा कुछ नहीं होता। बड़े होने पर प्रतियोगिता करना तो यह दुनिया सिखा देती है। लेकिन आपने तो बचपन में ही सिखाने की कोशिश की कि एक व्यक्ति को किस तरह नीचे गिराकर, उसके ऊपर चढ़कर विजय का काला झंडा लहराया जाए।

परन्तु मैं वह न सीख सकी, बल्कि मैं तो प्रतियोगिता करने से भी डरने लगी, टीचर! मुझे लगने लगा कि यदि मैं प्रतियोगिता में हिस्सा लूँगी तो आप जैसे लोग मुझे कुचल डालेंगे। जो गुरु आत्मविश्वास प्रदान करता है उसने अपने ही स्वार्थ और अहंकार के लिए एक कोमल फूल को कुचल डाला। उसके आत्मविश्वास को तहस-नहस कर दिया। क्या आपने इसीलिए गुरु-शिक्षक का पद प्राप्त किया कि आप इसका फायदा उठाकर अपने अहंकार को पोषित कर सकें? आपने मेरे जैसे बच्चों का बचपन नहीं बर्बाद किया?

आपने जाने-अनजाने ऐसे बच्चों के आत्मविश्वास, गुणों और कला होली जलाई है। दूसरे बच्चों को गलत प्रतियोगिता करना सिखाया है।

आत्मविश्वास और गुणों की उस़ समय जलाई गई होली की चिनगारी आज भी मेरे जीवन को जला रही है। होली की वह लपट आज भी मेरे मन में बार-बार यह अहसास दिलाती है कि मैं किसी भी प्रतियोगिता में शामिल होने के काबिल नहीं हूँ। आज भी मैं अपने ही गुणों और कलाओं को इस डर से अन्य लोगों से छिपाती हूँ कि प्रतियोगिता शुरू हो जाएगी। आज की तारीख में भी टूटे आत्मविश्वास के टुकड़ों को मैं इकट्ठा नहीं कर सकी।

माना जाता है कि बच्चों का बचपन उनके जीवन का महत्त्वपूर्ण आधार है। बचपन में सीखा हुआ पूरी जिन्दगी उनके साथ रहता है। इसलिए ही बच्चों की छुटपन में बहुत देखभाल की जाती है। उसे अच्छा ही सिखाया जाता है, अच्छा वातावरण प्रदान किया जाता है जिससे बड़ा होकर वह एक अच्छा इनसान बने। लेकिन आपने उस विद्या को शर्मसार कर दिया है।

आपने शिक्षक के मान सम्मान को कलंकित किया है। इसी कारण जिस इनसान को बचपन में शिक्षक की ओर से ऐसे अनुभवों से नफरत का भाव पैदा हुआ वह जिन्दगी-भर यही सोचता है कि सभी शिक्षक ऐसे ही होते हैं। उसके मन में गुरु के लिए सम्मान नहीं होता। क्या आपका अहंकार खत्म हुआ? इन्द्रधनुष के सुन्दर रंगों से बने चित्रों को फाड़कर क्या आपको आनन्द मिला? आप जैसे शिक्षक हों तो बच्चों को पढ़ना छोड़ देना चाहिए क्योंकि ऐसा खराब सीखकर एक खराब इनसान बनने की अपेक्षा कुछ भी न सीख कर अनपढ़ रहना बेहतर होगा।

भवदीय
आपकी उद्दंड विद्यार्थी
रीमा

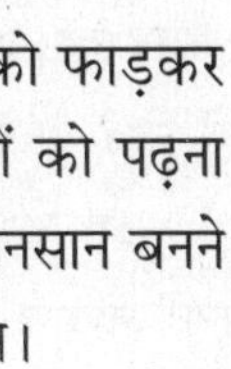

24

कितनी जिन्दगियाँ बर्बाद की, सर?

आदरणीय बिपिन सर,

नौवीं क्लास में आप हमारा पी.टी. विषय लेते थे। दूसरे सेशन में आप आए थे तब आपने पहले दिन सभी क्लास में कहलवाया था कि किसी को किसी खेल में अगर हिस्सा लेना है, तो प्लेग्राउंड पर आ जाए। हमारी क्लास में तब सभी केवल टेबल टेनिस के लिए तैयार थे, उन्होंने पसन्द कर लिया था। और टेबल टेनिस कोई दूसरे सर सिखाते थे। कोई नया विद्यार्थी दूसरे खेलों में भाग लेना नहीं चाहता था। तब आप बहुत गुस्सा हुए। आप बहुत ही उल्टा-सीधा बोलते थे, "तुम लोग नामर्द हो। टेबल टेनिस लड़कियाँ ही खेलती हैं। लड़के क्यों किसी गेम में नहीं आते। बस केवल स्कूल आना और चले जाना।"

आपने यह बहुत गलत किया था। भले ही लड़के गेम में भाग नहीं लेते लेकिन आपको इस तरह हमारी इन्सल्ट नहीं करनी चाहिए थी। हमारी क्लास में से कोई भी विद्यार्थी गेम में नहीं रहता था क्योंकि हमें गेम खेलना ही नहीं आता था। और आपको सिखाने के लिए कहते तो आप कहते थे कि "क्या इतना भी नहीं आता?" बस इतना सुनकर इच्छा मर जाती।

एक बार एक लड़का फुटबॉल खेलने के लिए खड़ा हुआ, तब आपने उससे पूछा कि "फुटबॉल का मैदान कितने मीटर का होता है?"

तब वह लड़का उत्तर नहीं दे सका, तब आपने पूरी क्लास के सामने उसे कहा "मैदान की लम्बाई तो मालूम नहीं और खेल खेलने के लिए खड़े हो गए, चल बैठ!" हमारी इच्छा भी थी कि खेलकूद में भाग लें, परन्तु हमें कुछ भी सिखाने का आपका इरादा नहीं था। स्कूल में आए ही थे कि उसके पहले ही सप्ताह में आपने ऐसा करना शुरू कर दिया था।

आपको क्लास में थ्योरी और प्रैक्टिकल दोनों पढ़ाना होता लेकिन आप तो क्लास में ही नहीं आते। सप्ताह में पी.टी. के दो पीरियड होते और दोनों पीरियड हमेशा फ्री जाते। सभी विद्यार्थी पढ़-पढ़ कर, लगातार लेसन कर-कर के ऊब जाते। क्लास में बन्द रहना हम में किसी को भी अच्छा नहीं लगता। हमें भी मैदान पर जाकर खेलना बहुत अच्छा लगता था। प्रथम दो महीने तक तो आप क्लास में आए ही नहीं। इसलिए दो महीने तक हमने मैदान देखा भी नहीं था। तब हम सभी जान गए थे कि पूरे साल आप क्लास में नहीं आनेवाले। क्लास-मॉनिटर स्कूल के प्राचार्य के पास इजाजत लेने के लिए जाता तो मैडम उसे कहतीं कि "पी.टी. का पीरियड है तो अपने सर से पूछो।" इसलिए हम लोग पहले से ही पूरे स्कूल में आपको ढूँढ़ने के लिए निकल पड़ते। लेकिन आप कहीं दिखते ही नहीं। फिर मैडम से कहते कि सर तो कहीं दिखाई नहीं देते। तब उन्हें याद आता कि "हाँ, सर तो स्कूल से बाहर गए हुए हैं।" फिर हम लोग मैडम से मुश्किल से, काफी कोशिश करके मैदान पर जाने की अनुमति माँग लेते। पूरे साल में हम लोग चार-पाँच बार ही मैदान पर गए थे। तीस मिनट का पीरियड होता उसमें से पन्द्रह-बीस मिनट तो अनुमति लेने में चले जाते। कभी कभी पीरियड फ्री रहने पर उसमें दूसरे विषय का एक्स्ट्रा लेसन हो जाता; इससे अनुमति लेने जाने का सवाल ही नहीं उठता।

कोर्स पूरा नहीं होने पर हम लोग दो-दो दिन का एक साथ पढ़ते और लेसन तो तीन-तीन दिन का एक साथ करते थे। आप क्लास में

आते ही नहीं, लेकिन आपको यह भी मालूम नहीं होता कि क्लास में क्या हो रहा है। क्योंकि आप हमेशा स्कूल से बाहर ही रहते और स्कूल में फोन पर बात करने और कम्प्यूटर पर काम करने के लिए ही फ्री होते, बाकी सबके लिए आप बहुत ही व्यस्त थे। ऐसा पूरे साल चला।

अब परीक्षा का समय बहुत ही करीब था। परीक्षा का समय पत्रक लिखाया गया, जिसमें दूसरा पेपर पी.टी. का था तब आप सभी के मन में सवाल जागा कि "अभी तक तो पी.टी. में न तो थ्योरी पढ़ाई, न ही प्रैक्टिकल करवाया था तो परीक्षा में क्या पूछा जाएगा, यार!" जब हमने एक लड़की को आपसे पूछने के लिए भेजा कि "परीक्षा में क्या पूछा जाएगा?" तब आपने परीक्षा से दस दिन पहले मटीरियल भिजवाया, बहुत सारी थ्योरीज थीं। तब हमारे पूरे क्लास की दशा देखने लायक थी। पी.टी. का पीरियड हो या न हो थ्योरी तो लिखनी ही थी और साथ में दूसरे विषय का लेसन भी करना।

अब परीक्षा में छह दिन बाकी थे, और हमारी पी.टी. की प्रैक्टिकल परीक्षा लेनी बाकी थी तब आपने प्रैक्टिकल परीक्षा के लिए कहलवाया कि आप पहले लड़कियों की परीक्षा लेंगे। परीक्षा चल रही हो उस दौरान अन्य विद्यार्थियों का रिसेस होता। हम लोग रिसेस दौरान मैदान पर गए तो देखा कि जहाँ लड़कियों की परीक्षा ली जा रही थी वहाँ कुछ लड़के पीछे बैठ कर उनकी हँसी उड़ाते थे, भद्दे-भद्दे कमेंट्स करते थे। आप वहीं पर बैठे थे लेकिन आप उन्हें जाने के लिए नहीं कह रहे थे। और वे लड़के ऐसे कि उन्हें कुछ भी पता चले तो दूसरे दिन पूरे स्कूल को मालूम हो जाए और फिर सब उन लड़कियों की हँसी उड़ाएँ। वे एकदम बेशरम लड़के थे। उन्हें लड़कियों की रिस्पेक्ट करना तो आता ही नहीं था। ये जो लड़के थे उनसे स्कूल के शिक्षक भी परेशान थे। जबसे आप आए थे तब से ये लड़के किसी न किसी बहाने से क्लास में से निकल जाते। आप अगर स्कूल में दिखाई देते

तो इन्हीं लड़कों के साथ दिखाई देते। और वे सब स्कूल की, प्राचार्य की, अन्य शिक्षकों की हँसी उड़ाते तो उसमें आप भी शामिल होते। अब हमारे क्लास की प्रैक्टिकल की परीक्षा थी। हमारे क्लास की बहुत सी लड़कियों से इन लड़कों को बहुत प्रॉब्लम थी, क्योंकि वे लड़कियाँ उन्हें मुँह पर जवाब दे देती थीं। वे लड़के, लड़कियों को कुछ लड़कों से जोड़कर चिढ़ाते थे। जब भी वह लड़की उन्हें दिखती तो उसे लड़के के साथ जोड़कर चिढ़ाना शुरू कर देते।

हमारी क्लास की लड़कियों का तो परीक्षा देने का मन ही मर गया। फिर हम सभी ने अपने क्लास टीचर के पास जाकर फरियाद की, कि "ये लड़के सभी लड़कियों का मजाक उड़ाते हैं, गन्दे-गन्दे कमेंट्स करते हैं, लड़कों के साथ नाम जोड़कर चिढ़ाते हैं।" तब क्लास टीचर ने हमें कहा कि, "सर को मेरा नाम लेकर कहना कि पहले उन सभी लड़कों को क्लास में भेजो और उसके बाद हमारी परीक्षा लो।" हम सभी परीक्षा के लिए गए और अत्यन्त विनम्रता से कहा —"सर, हमारे क्लास टीचर ने कहा है कि हमारी परीक्षा लेने से पहले इन सभी लड़कों को यहाँ से क्लास में भेज दो।" सर, आपने तब कहा कि "होशियारी दिखाना बन्द कर, और मैं तुम्हारी परीक्षा अपने तरीके से लूँ या तुम्हारे तरीके से? चल निकल यहाँ से। परीक्षा देनी हो तो दो नहीं तो मुझे क्या? मार्क्स तो आपके जाएँगे?" मैं वहीं खड़ी रही।

बाद में सर ने कहा, "जा अपने क्लास टीचर को बुला ला।" मैं अपने क्लास टीचर को बुला लाई। उन्होंने आपसे कहा कि, "मैंने ही इन लड़कियों को कहा था कि आपको ऐसा कहें।" फिर आपने क्लास टीचर से कहा कि, "लेकिन लड़के यहाँ प्रैक्टिस नहीं करें तो कहाँ करें। अब इन लोगों के लिए मैं नया मैदान कहाँ से लाऊँ?" तब क्लास टीचर ने कहा कि, "इन सब लड़कों को खूब मस्ती चढ़ी है, सभी शिक्षकों को भी परेशान कर रखा है। आप स्कूल में नहीं होते फिर भी प्रोजेक्ट

का झूठा बहाना लेकर मैदान में आकर टाइमपास किया करते हैं।" तब सर आपने क्या कहा मालूम है? यह वाक्य तो अभी तक हमारी क्लास की कोई लड़की भूल नहीं सकी। आपने कहा कि, "आपकी सारी बात सही है कि लड़कियों को थोड़ी प्रॉब्लम होती है, लेकिन ये सभी लड़कियाँ मुझसे सिर ऊँचा करके बात करती हैं, मुझसे होशियारी करती हैं।" हममें से किस लड़की ने आपसे सिर उठा कर बात की, सर?" हमने तो एक शब्द भी नहीं बोला और आप कहते हैं कि आपसे सिर उठाकर बोलती हैं। क्लास टीचर ने आकर हमें कहा कि, "अगर कोई भी सर के सामने बोला तो मैं एक को भी इंटरनल मार्क्स नहीं दूँगा।" जो क्लास टीचर हमसे एक दिन भी चिढ़े नहीं वह पहली बार हम पर सबके सामने गुस्सा हुए। हमने तो आपका कुछ भी बिगाड़ा नहीं था फिर भी आपने ऐसा झूठ क्यों बोला?

क्लास टीचर के जाने के बाद हमने जैसे-तैसे परीक्षा दी। वे मस्तीखोर लड़के तो कहने के लिए गए थे, थोड़ी देर में तुरन्त वापस आ गए और हमारी मजाक उड़ाते रहे। उन लड़कों से हम कुछ नहीं कहते क्योंकि उन्हें जितना कहो उतना अधिक खराबी करते थे। सर आपको उन लड़कों को कहना चाहिए था कि जहाँ लड़कियाँ परीक्षा देती हैं वहाँ लड़कों को नहीं होना चाहिए। परन्तु आपका यह मानना था कि लड़के लड़कियों को खा थोड़े जाएँगे? आप तो बस अपनी मस्ती में ही मस्त रहते। कभी फोन में, कभी कम्प्यूटर में तो कभी मस्तीखोर लड़कों के साथ।

परीक्षाएँ शुरू हुईं तब एक बार आप हमारी क्लास में सुपरवाइजर के रूप में आए थे। दुर्भाग्य से आपके चहेतों में से एक लड़की मेरी ही बेंच पर थी। वह लड़की बैठी-बैठी इतना अधिक चोरी करती थी और आप सामने बैठकर देखते थे, फिर भी हँस कर उस बात को जाने दिया और उसे कुछ बोलते नहीं थे तथा फोन पर गेम ही खेला करते थे। आपने जैसे ही क्लास में प्रवेश किया वैसे ही वह खुश हो गई थी

कि अब चोरी करने को मिलेगी। एक शिक्षक के तौर पर आपको उसे टोकना चाहिए था लेकिन आपने तो उसे वैसा करने के लिए अधिक प्रोत्साहन देते थे। इसी तरह आप उन लड़कों को भी प्रोत्साहन देते थे।

क्या यह ठीक था? क्या आप इन लड़कों-लड़कियों को गलत नहीं सिखा रहे थे? आज भी वे लोग उतने ही अनुशासनहीन और बेशरम हैं। क्योंकि उन्हें आदत हो गई है दूसरे को छेड़ने की। वे लोग पहले से भले ही अनुशासनहीन थे, परन्तु उन्हें प्रोत्साहित करने में आप भी कोई कसर नहीं छोड़ी थी। उन्हें गलत बातों में हमेशा आपका सहारा मिलने से वे अधिक बिगड़ गए थे।

कितनी जिन्दगियाँ आपने बर्बाद कर डाली हैं, सर?

भवदीय
आपकी होशियार विद्यार्थी
मीना

25

क्या शिक्षक प्रिय-अप्रिय का भेदभाव करते हैं?

माननीय शिक्षक श्री अखिलेश भाई,

एक विद्यार्थी आठवीं क्लास में पढ़ता था। वह पढ़ने में बहुत तेजस्वी था और उतना ही मस्ती करनेवाला भी था। उसने अलग-अलग प्रतियोगिताओं में भाग लेकर अपने स्कूल का नाम रोशन किया था। इससे उसकी पहचान एक अच्छे विद्यार्थी के तौर पर बनी थी। स्कूल के सभी शिक्षक उसके साथ बहुत ही अच्छा बर्ताव करते थे। लेकिन जब उसने स्कूल बदलने की बात की तो एक शिक्षक उसके साथ विशेष रूप से अत्यन्त तुच्छ बर्ताव करने लगे। यहाँ से शुरू हुई एक अलग कहानी। यह शिक्षक उस विद्यार्थी को पूरी क्लास के बीच खड़ा करके सतत उसकी कमियाँ गिनाने लगे। उसके साथ भेदभाव करने लगे। एक बार उस विद्यार्थी ने उस शिक्षक को उत्तर-पुस्तिका जाँचने में हुई भूल दिखाई तो उन्होंने उसे मारा और क्लास से बाहर निकाल दिया। वह विद्यार्थी समझ ही नहीं सकता था कि उसके शिक्षक उसके साथ ऐसा व्यवहार क्यों कर रहे हैं। वह मन-ही-मन बेचैन रहता था।

यहाँ जिस विद्यार्थी की बात की गई है, वह मैं हूँ और जिस शिक्षक की बात की गई है, वह आप हैं। आपको खयाल हो तो मैं आपके पास

तीन साल पढ़ा था। मुझे अच्छी तरह से याद है कि जब मैं आठवीं क्लास में था तब आप मेरे क्लास टीचर थे। पहले तो आप मेरे साथ बहुत अच्छा बर्ताव करते थे लेकिन पिछले छह महीने से आपका व्यवहार मेरे साथ बदल गया था। मैं आपसे एक प्रश्न पूछना चाहता हूँ कि मैं भी स्वतंत्र भारत देश का स्वतंत्र नागरिक हूँ तो क्या मुझे अपने मनपसन्द स्कूल में जाने का अधिकार नहीं है?

एक शिक्षक का कर्तव्य होता है कि वह अपने विद्यार्थी को सही मार्ग पर चलने की हिम्मत दे। लेकिन आपने तो मेरे आत्मविश्वास को ही तोड़ दिया। जब आप पूरी क्लास के बीच खड़ा करके मुझे 'कपटी', 'हरामी', 'जानवर' जैसे शब्दों से सम्बोधित करते तब मुझे बहुत खराब लगता। शिक्षक होकर ऐसे शब्दों का प्रयोग करना उचित लगता है क्या?

आप हमें क्लास में पढ़ाते हैं कि हमें कभी भी अभिमान नहीं करना चाहिए। आप हमें यह भी सिखाते हैं कि दुनिया में कोई आदमी हर तरह से परफेक्ट नहीं होता। तो फिर आपसे पढ़ाते समय कोई भूल हो तो? और मैं यदि आपको आपकी भूल बताऊँ तो मुझे खड़ा करके गाल पर और पीठ पर मारते हुए क्लास से बाहर निकाल देते हो! आप ही हमें बताते हो कि हमें अपनी भूल स्वीकार कर लेनी चाहिए। तो फिर आप क्या करते हो? क्या आप अपनी भूल स्वीकार करते हैं? क्या आप ईमानदार हैं? क्या आप हर तरह से 'परफेक्ट' हैं?

जब हमें मालूम हुआ कि आप परीक्षा का प्रश्नपत्र आपके ट्यूशन में आनेवाले विद्यार्थियों को पहले से दे देते हो, तब मेरा और मेरे जैसे कई विद्यार्थियों का आप पर से विश्वास उठ गया था। यदि आप ऐसा ही चाहते थे कि आपके ट्यूशन में आनेवाले विद्यार्थियों के ही अच्छे मार्क्स आने चाहिए तो फिर आप हमें किसलिए पढ़ाते हैं? ऐसा भेदभाव करना आपको उचित लगता है? शिक्षक के लिए तो उसके सभी विद्यार्थी समान होते हैं। तो फिर क्या आप एक सच्चे शिक्षक हैं?

आपने मेरी उत्तर पुस्तिका जाँचने में भी भेदभाव किया। मैंने और आपके ट्यूशन में आनेवाले एक विद्यार्थी, दोनों ने सही उत्तर लिखा था। लेकिन मैंने अपने मौलिक ढंग से लिखा था। आपने उस लड़के को मुझसे अधिक मार्क्स दिए थे। जब मैंने आपकी भूल की ओर आपका ध्यान खींचा तब आपने मुझे कहा, "जैसे मैं कहता हूँ, उसी तरह उत्तर लिखना चाहिए।" मैं आपको बताना चाहता हूँ कि हम मनुष्य हैं, मशीन नहीं। इसी बाबत जब मेरी मम्मी ने ओपन-डे पर आपसे प्रश्न पूछा था तब आपने ऐसा कहा था "शिक्षक मैं हूँ या आप?" ये शब्द कहकर आप क्या साबित करना चाहते थे?

मुझे सिर्फ आपके प्रति ही नहीं, बल्कि अपने समाज़ में जितने भी शिक्षक ऐसा बर्ताव करते हैं उन सभी के प्रति घृणा हो गई है। और इस पत्र के द्वारा मैं उन तमाम शिक्षकों को सम्बोधित करना चाहता हूँ। मैं मानता हूँ कि विद्यार्थी अपने शिक्षक के प्रति विश्वास अनुभव करे यह बहुत जरूरी है। प्रत्येक सफल व्यक्ति को 'सफल' बनाने में उनके शिक्षकों का बहुत बड़ा योगदान होता है। आप ऐसे शिक्षक हैं?

भवदीय
आपका हरामी विद्यार्थी
रतन

26

आप जैसे शिक्षक बदनुमा कलंक हैं!

मेरे प्रिय शिक्षक परिमल सर,

मैं आपकी सबसे प्रिय छात्रा, जिसे आप बहुत अच्छी तरह पहचानते हो और आज का प्रसंग आगे पढ़ोगे तो आपको यह अवश्य ही याद हो जाएगा कि मैं कौन हूँ। कक्षा आठ से बारहवीं तक मैं जिस ट्यूशन में जाती थी वहाँ आप अंग्रेजी पढ़ाते थे। मुझे आपका विषय पढ़ने में बहुत ही मजा आता था क्योंकि आप मेरे अत्यन्त प्रिय शिक्षक थे।

आपको याद है, दसवीं कक्षा का वह दिन जब आपके बार-बार टोकने पर भी मैं बहुत मस्ती कर रही थी? अन्त में आपको बहुत गुस्सा आया और आपने मुझे खड़ा किया और पूछा, "तेरी टेक्स्ट बुक कहाँ है?" और मेरे पास रखी किताब माँग ली। उस दिन हुआ यह था कि मैं भूल से अंग्रेजी के बदले संस्कृत की किताब ले आई थी। आपने वह किताब देखी और आपको गुस्सा आया और आपने सबके सामने मुझे एक तमाचा जड़ दिया, बहुत डाँटा और बाद में मुझे बैठा दिया। उसके बाद भी क्लास डेढ़ घंटे तक चली और मैं तब तक रोती ही रही।

क्लास पूरी हुई और आपने मुझे इशारे से कहा कि तू एकदम पीछे खड़ी रहना। मैं अभी भी रो ही रही थी। रो-रोकर मेरी आँखें और मुँह एकदम लाल-लाल हो गए थे और शायद आपको भी अच्छा नहीं लग

रहा था। इसलिए आपने मुझे खड़े रहने को कहा था। सभी चले गए, मैं पीछे खड़ी-खड़ी रोती जा रही थी। उस समय आपने अत्यन्त मन्द और स्नेहपूर्ण आवाज में पूछा, "बेटा, मस्ती क्यों कर रही थी? मुझे विश्वास था कि तेरे पास किताब नहीं है, फिर भी मैं कुछ भी नहीं कह रहा था। मैंने तुझे कितनी बार टोका कि मस्ती न कर! तूने मेरी बात सुनी? तू ही मुझे बता, सभी को क्या लगेगा कि सर इसे तो कभी भी कुछ कहते ही नहीं हैं। और तुम्हें यह पता है? मैं जितने वर्षों से पढ़ा रहा हूँ तबसे लेकर अब तक केवल तू ही मेरी प्रिय विद्यार्थी है।" यह सुनकर मैं खूब जोर से रो पड़ी और आपने मुझसे कहा, "देख, तेरा रोना मुझे जरा भी पसन्द नहीं है। मुझे पता है तू खूब सयानी है, चुप हो जा।" आपका अपने प्रति यह प्रेम देखकर मुझे बहुत खुशी हुई। आपके इस प्रेम को अत्यन्त आदर देते हुए, मैं उस दिन से अत्यन्त व्यवस्थित हो गई।

इसके बाद बारहवीं कक्षा में आपने अपना अलग ट्यूशन क्लास शुरू किया। उस समय आप मुझसे कहते थे, "तू भी आएगी ही न मेरे यहाँ? मैं चाहता हूँ कि तू आए, बाकी बेटा तेरी इच्छा..." और एक दिन आपके ट्यूशन का बोर्ड लग रहा था और आप वहाँ खड़े थे। मैं ट्यूशन वाले ग्रुप के साथ ट्यूशन से छूट कर आ रही थी, आपने मुझे देखा और मैंने आपको। हम सब आपके पास आए उस समय आपने सबके बीच में केवल मेरे ही साथ बात की और मुझे ले जाकर अपना क्लास दिखाई और मुझे फिर दो वर्ष पहले वाली बात याद आ गई और आपके वे शब्द भी। इतना सब हो जाने पर भी मैं आपको अत्यन्त आदर की नजर से देखती थी। मेरे लिए आप एक विशिष्ट शिक्षक थे।

बारहवीं कक्षा के बाद मैं दूसरी जगह आ गई हूँ। यह उस दिन की बात है जिसे शिक्षक दिवस के रूप में जाना जाता है। यह मेरे लिए अत्यन्त अमूल्य दिन है, क्योंकि मैं अपने प्रत्येक शिक्षक का अत्यन्त

आदर करती हूँ और प्रेम करती हूँ। आपको भी पता है कि उन सभी शिक्षकों में मेरे लिए आप कुछ अधिक श्रेष्ठ हैं। उस दिन हुआ ऐसा कि शिक्षक दिवस के नाते मेरे एक मित्र ने आपकी फोटो अपने वाट्सएप पर डीपी पर रखी थी। आपका फोटो देखकर मैं खूब खुश हुई थी और मैंने उससे कहा कि आपसे पूछकर आपका फोन नम्बर मुझे दे दे। उसने मुझे आपका नम्बर दिया और मैंने आपको, "हैप्पी टीचर्स डे" का मैसेज भेजा, जिसे आपने शाम को देखा और पूछा कि "तू कौन है?" मैंने उत्तर दिया आपकी प्रिय विद्यार्थी सरिता। आपने अत्यन्त आश्चर्य से कहा, बोल! फिर सब सामान्य बातें हुई। मेरी बातें सुनकर आपने मुझे खूब प्रोत्साहित किया।

उसके बाद मैंने आपसे कहा, "सर, आपको ऐतराज न हो तो एक बात आपसे कहूँ?" आपने कहा, "हाँ, बोल न, इसमें क्या है?" मैंने कहा, "सर मैं आपको बहुत ही प्रेम करती हूँ और आपका खूब आदर करती हूँ।" और आपने भी कहा, "आइ लव यू टू।" फिर मैंने वह सब कुछ बताया जो मैं दसवीं कक्षा की घटना के बाद सोच रही थी। उसके बाद आपने मुझे कहा, "मुझे सर नहीं कहना।" मैंने पूछा, "क्यों?" तो आपने कहा, "ऐसे ही, नहीं कहना, बस नाम से बुलाना।" और मैंने कहा, "माफ कीजिएगा, मैं आपको ऐसा कुछ भी नहीं कह सकती।" फिर आपने मुझसे पूछा, "तू मुझे अपना इस समय का फोटो भेज सकती है?" मैंने पूछा, "क्यों?" आपने कहा, "तुझे देखे हुए बहुत समय हो गया है, इसलिए।" मैंने आपको अपनी फोटो भेजी। पहले तो आप मेरे छोटे-छोटे बाल देखकर खूब दुखी हो गए और बोले, "ये क्या किया तुमने?" और बाद में बोले, "सुन्दर लग रही हो।"

फिर मैंने कहा, "चलिए, अब गुड नाइट!" और आपने पूछा, "बस, गुडनाइट? प्रेमी-पंखी खाली ऐसे अलग नहीं होते। मुझे कुछ चाहिए।" मैं सोचने लगी और आपको लिखा, "ये क्या कह रहे हैं आप?" आपने

तुरन्त ही मेरा 'आइ लव यू' का मैसेज दिखाकर पूछा, "यह क्या है?" तब मैंने कहा, "सर, मेरा ऐसा कोई मतलब नहीं था।" और आपने कहा, "परन्तु मेरा तो यही मतलब था।" मैं थोड़ी देर के लिए अत्यन्त चकित रह गई। फिर एकदम व्याकुल हो गई और पूछा, "आप परिमल सर ही हैं न?" आपने उत्तर दिया, "हाँ, मैं वाकई में तुझे बहुत प्रेम करता हूँ, पर कभी कहने का मौका नहीं मिला। मैं मजाक नहीं कर रहा, असल में मैं तुझसे बहुत प्रेम करता हूँ। तू मुझे सर कहना छोड़ दे।" और उसके बाद मैंने फोन रख दिया। उस दिन रात भर मैं यही सोचती रही कि यह क्या था? मैं यह स्वीकार ही नहीं कर पा रही थी कि आप ऐसा कुछ भी कह सकते हो।

दूसरे दिन सुबह भी मेरे दिमाग में वही बात घूम रही थी। मैं दोपहर में भोजन करने बैठ रही थी तब आपका 'गुड मार्निंग' का मैसेज देखा और मैंने आपको कॉल किया और गुस्से में फिर भी अत्यन्त सम्मानपूर्वक पूछा, "सर, आप रात में जो बात कह रहे थे, वह सब क्या था?" आपने कहा, "अरे नहीं, नहीं, वह तो मैं मजाक कर रहा था। हुआ यह था कि मेरा एक मित्र था जिसकी एक साल पहले ही शादी हुई थी। उस दिन हम मित्रों ने उससे कहा था कि यदि विवाह के एक साल बाद तू पछताएगा तो तुझे पार्टी देनी होगी। कल एक वर्ष पूरा हुआ और हम सब मित्र इकट्ठे होकर पार्टी कर रहे थे। उसी समय तुम्हारे साथ बात हुई इस कारण मजाक में तुम्हारे साथ भी ऐसी बात हो गई। बाकी तो तुझे पता ही है कि मैं कैसा हूँ। वैसा कुछ भी नहीं है।" बाद में यह कहकर फोन रख दिया कि ऑफिस में हूँ।

मुझे आप पर इतना अधिक विश्वास था कि आपकी इस बात को भी मैंने सच मान लिया कि मजाक कर रहे होंगे। परन्तु शाम को आप वैसे ही मैसेज भेजने लगे और इस समय मैं अत्यन्त परेशान हो गई थी और आपके साथ बात करना भी बिलकुल बन्द कर दिया।

मुझे कहना तो मात्र इतना ही है, एक विद्यार्थी और शिक्षक का सम्बन्ध कितना पवित्र है, अनोखा है, जिसमें प्रेम, सम्मान, मर्यादा सभी चीजों का समावेश होता है, जब कि आप जैसे शिक्षक उस पर बदनुमा कलंक हैं जो इतने पवित्र सम्बन्ध और पद की कोई कद्र नहीं करते, और मोह में सारी मर्यादाएँ लाँघ जाते हैं। आप ही जवाब दीजिए कि किस शिक्षक को यह अधिकार है कि वह अपनी विद्यार्थी के साथ ऐसा घृणित मजाक करे? एक निर्दोष बालक अपने शिक्षक के प्रति प्रेम व्यक्त भी नहीं कर सकता? क्या ऐसे निर्दोष प्रेम का सदैव ऐसा ही पुरस्कार मिलेगा?

मेरी समझ से आपको यह पता चल ही गया होगा कि मैं कौन हूँ?

भवदीय
आपकी अत्यन्त दुखी विद्यार्थी
सरिता

27

क्या सभी टीचर ऐसे ही होते हैं?

आदरणीय शिक्षिका प्रेमिला बहन,

इस समय मैं बारहवीं कक्षा में पढ़ रही हूँ। अभी तो मैं जिस हाईस्कूल में पढ़ती हूँ, उसी में अच्छी तरह से पढ़कर आगे बढ़ने की इच्छा थी। परन्तु अब मेरी आगे पढ़ने की जरा भी इच्छा नहीं रही।

क्योंकि...

वह दिन तो आपको याद ही होगा टीचर, जब मैं नौवीं कक्षा में पढ़ रही थी और उस समय आपने जो किया था वह। मैं अपनी सभी सहेलियों के साथ घूम रही थी, जो सबके साथ घुल-मिल जाती थीं, परन्तु मुझे पता नहीं था मेरी दो-तीन सहेलियों के मित्र लड़के थे और सभी लड़के बाहरी थे। मेरा पूरा स्कूल लड़कियों का था इसलिए मैं किसी लड़के के साथ बोलती भी न थी। मुझमें इतनी अक्ल भी न थी, मेरा पालन-पोषण भी कुछ अलग ढंग से हुआ था। हमारे घर में मेरे साथ मेरी बहन ही थी, घर में भाई न था इसलिए कुछ भी पता न था।

तो भी टीचर, आप मेरा झूठा नाम देती थीं और मुझे सबके सामने एकदम गलत-गलत बदनाम करती थीं। सबके सामने मुझसे ऐसे पूछती कि तुम्हारा कोई बॉय फ्रेंड है? और इस ढंग से मुझसे कहती थीं कि मुझे बहुत बुरा लगता था क्योंकि मैंने कुछ भी किया न था। मेरा कोई

मित्र न था। तो भी आप जब भी कोई विषय पढ़ाने आतीं तब खड़ी रखकर लोहे की फुटपट्टी से मेरे हाथ पर जोर-जोर से घिसती और मेरा हाथ छिल जाता। मैं दो दिन स्कूल नहीं आ सकी क्योंकि बहुत बुखार आ गया था। बाद में दो दिन बाद स्कूल आई तो मुझे फिर आपने उसी प्वाइंट पर मार-मार कर बहुत बदनाम किया और फिर से मुझे फुटपट्टी वाली सजा दी थी। उसमें मेरी गलती क्या थी? मेरा नाम तो व्यर्थ में ही बदनाम हुआ था। मुझे अपना नाम फिर बनाने में काफी वक्त लगा। मेरा आत्मविश्वास टूट गया था।

एक दिन मैंने अपना नम्बरवाला चश्मा अपनी फ्रॉक पर लटका रखा था। और आपने कहा कि तू इस तरह फ्रॉक पर चश्मा मत रख। मैंने पूछा कि, इस तरह क्यों नहीं रखने चाहिए टीचर? फिर तो टीचर आपने सबके सामने अपमानित करते हुए ऐसा अपमानजनक वाक्य कहा कि, वहाँ कोई लड़का हाथ लगाए तो। आप केवल मुझे ही नहीं पर अनेक लड़कियों को इसी तरह क्लास में खड़े रखकर ऐसे अपमानजनक वाक्य बोलती थीं, मेरा सिर शर्म से झुक जाता था।

इसकी वजह से फिर तो सभी टीचरों के ऊपर से मेरा विश्वास उठ गया।

क्या सभी टीचर ऐसी ही होती हैं? भले आप एक टीचर हैं, पर किसी की बेटी होकर दूसरी बेटी के साथ ऐसा व्यवहार करना चाहिए? क्या टीचरों में ममता नहीं होती? क्या सभी टीचरें ऐसी ही होंगी?

भवदीय
आपकी बदनाम विद्यार्थी
दृष्टि

28

अगर मर्द हो तो फिर से घर आना!

श्री व्यास सर,

कुछ साल पहले की बात है। आप हमारे स्कूल के युवा शिक्षकों में से एक थे। ब्राह्मण होने के नाते आप एक अत्यन्त प्रसिद्ध आध्यात्मिक संस्था से जुड़े थे और अपने आपको एक साधक कहते थे। प्रथम दृष्टि में आप किसी को भी एक शिष्ट, शालीन व्यक्ति लगे। सुबह की प्रार्थना सभा में आप अवश्य कोई न कोई प्रेरक कथन कह कर बालकों को सही मार्ग दिखाने की कोशिश करते थे।

परन्तु आपकी मीठी लगती उन बातों में मुझे सदैव कुछ खटकता था। आपका ध्यान, आपकी आँखें लड़कियों को आकर्षित करने की ओर ज्यादा लगती थीं। हमारी झूठी तारीफ करके, निजी बातें करके हमारे करीब पहुँचना, अपनी छटा से सभी को इंप्रेस करना इन सबमें ऐसा लगता था जैसे आपका कोई न कोई प्रयोजन है। फिर हमारी सहमति के बिना कन्धे पर हाथ रखकर मित्र होने का ढोंग करना, मौका मिले तो अधिक से अधिक निकट बैठने का प्रयत्न करना। स्कूल की सभी आउट-डोर ट्रिप्स में आप अवश्य आते। वहाँ आपको खुली आजादी मिलती। नजदीक आने का कोई चांस नहीं छोड़ते। आपके शारीरिक स्पर्श से हम सबको जुगुप्सा होती। कोई समझ नहीं

सकता कि लड़कियों को किस हद तक और कैसी तकलीफ या अकुलाहट होती थी। प्रिंसिपल से क्या फरियाद करें। इसका आपने खूब लाभ उठाया। हम सबके पास एक मात्र विकल्प था भागना, छिपना, दूर रहना।

सुन्दर दिखनेवाली लड़कियाँ आपको सबसे अधिक प्रिय थीं—निशा नामक एक गोरी, खूबसूरत छात्रा को आपने अपनी खास शिष्या बनाया। इसलिए सभी प्रतियोगिताओं, कार्यक्रमों में उसे अवश्य अवसर मिलता। मैं स्कूल में पढ़ने में खूब होशियार, अत्यन्त सक्रिय और प्रतिभाशाली छात्रा थी इस कारण मैं आपके लिए एक महत्त्वपूर्ण टार्गेट थी। परन्तु मैं आपसे भागती थी। मैं आपके साथ जुड़ूँ यह आपके लिए ईगो का मुद्दा बन गया था। परिणाम—मुझे स्कूल की महत्त्वपूर्ण गतिविधियों में चांस नहीं मिलता था। या तो अन्याय सहें अथवा आपकी शरण में आएँ, हमारे पास इनमें से एक ही विकल्प होता। सत्ता आपके पास थी। एक दिन मैंने इसका खूब जोरदार विरोध किया। स्कूल में मैंने आवाज उठाई और आपको मैं अधिक चुभने लगी।

कुछ समय बाद मैं ओएसिस नामक संस्था के सम्पर्क में आई, मुझे वहाँ जाना, स्वविकास की प्रवृत्तियों में भाग लेना खूब पसन्द था। आपसे यह बिलकुल ही सहन नहीं हुआ। आप ओएसिस के विरुद्ध मेरा कान भरने का प्रयत्न करने लगे। "ये सारी गतिविधियाँ बेकार है, तू छोड़ दे, नहीं तो तेरा जीवन बरबाद होगा, पढ़ाई खराब होगी, भविष्य नष्ट हो जाएगा..." मैं न मानी तो आपने खुलेआम धमकियाँ देना शुरू किया। 'ओएसिस' के विषय में आप बेलिहाज ऐल-फेल बोलते। यह सब करने में आपने बेचारी निशा को भी मोहरा बनाया। मन में आपके लिए धिक्कार बढ़ता ही गया। आश्चर्य की बात तो यह थी कि ओएसिस क्या है, वह आप जानते ही नहीं थे। आप वहाँ

कभी गए ही न थे, न हमसे पूछकर ही जाना था। कभी कोशिश की होती तो पता चलता न कि जो बालक आपसे भागते, छुपते हैं उनको वहाँ जाने का इतना मन क्यों होता होगा! वहाँ, ऐसा तो क्या सीखने को मिलता होगा! आप कैसे शिक्षक हो कि किसी के बारे में कुछ भी जानते न हो फिर भी उसके बारे में बुरा बोलो? आप अपने-आप को धार्मिक मानते हो और इतना पता नहीं चलता कि यह दुराचार ईगो कहा जाएगा?

खैर, बात की हद तब हुई जब आपने शिक्षक के रूप में इस पवित्र पद का दुरुपयोग करके मेरे निर्दोष एवं भोले माता-पिता को अपनी बातों में फँसाने का एकदम हीन प्रयास किया। माता-पिता शिक्षकों पर कितना अन्धा विश्वास करते हैं और बेटियों के लिए उन्हें कैसी चिन्ता होती है, यह आप भली भाँति जानते थे। आपने इसका दुरुपयोग किया। एक हँसते-खेलते परिवार में आपने विवाद और गलतफहमी का वातावरण बनाया। आप इस हद तक गिरेंगे इसकी मुझे सपने में भी कल्पना न थी। आपके मन का विष ऐसी गन्दी अफवाहें फैलाने लगा, जिसे लिखने के लिए मेरा हाथ नहीं उठता। इस तरह दूसरे को बदनाम करने और हानि पहुँचाने का अधिकार आपको किसने दिया? और जब मेरे मित्रों में से एक ने आपके झूठ के विषय में प्रश्न किया तो आपका उत्तर था, "प्रेम और युद्ध में जो भी करो वह न्यायसंगत कहलाएगा।" यह थी एक शिक्षक के रूप में आपकी योग्यता, सर? यह कौन-सी साधना हुई?

यह सब करके आपने आज कौन-सी सिद्धि प्राप्त कर ली है? आपकी क्या हस्ती है? वह बेचारी निशा आज वर्षों बाद भी विषैली और गुमनाम है, ऐसा किसी ने मुझे बताया। उसकी तरह आप कितनों के जीवन को नरक की ओर ले गए हो, इसका हिसाब करने की कोशिश कीजिएगा।

हालाँकि मुझे तो आपका आभार भी मानना है। आपके चरित्रहीन व्यवहार ने मेरे इरादों को दृढ़ बनाया। मेरा ऐसा आत्मविश्वास बना कि निशा जैसी मूर्ख और बुद्धिहीन मैं नहीं हो जाऊँ। सच्चे मित्रों के सिवाय मेरे पास कोई सत्ता या सहारा नहीं था फिर भी मैं झुकी नहीं, डरी नहीं। आज मेरे माता-पिता भी जानते हैं कि लम्पट और झूठा कौन था।

हिम्मत हो, मर्द हो तो एक बार जब घर पर होऊँ तब फिर से घर आइए सर, अपने माता-पिता के सामने आपको एक थप्पड़ मारना बाकी है।

भवदीय
आपकी मगरूर विद्यार्थी
रानी

29

क्लास के सामने मेरे कपड़े उतारेंगी?

आदरणीय बेला दीदी,

आपको याद है मैं जब आठवीं कक्षा में पढ़ रही थी, उस समय मैंने खेलकूद प्रतियोगिता में भाग लिया था। विद्यालय की ओर से आप हमारे ग्रुप के साथ दूसरे शहर आई थीं, खेलकूद में मैं उस समय अपना मैच हार गई थी। मैं बहुत उदास थी और रो रही थी। तब आपने मुझे बहुत अच्छी तरह सँभाला था और 'माँ' की तरह खयाल रखा था। तब आप मेरी सबसे अच्छी गुरु थीं। मैं आपको बहुत ही प्यार करती थी। थोड़े दिनों बाद मेरी सखी ने मुझसे कहा कि बेला दीदी अपनी कक्षा की लड़कियों से ऐसा कहती हैं कि "आरती बहुत ही खराब लड़की है, कोई उससे बात मत करना।" यह सुनकर मेरे पैरों तले की जमीन खिसक गई, ईश्वर तुल्य मेरी गुरु मेरे बारे में पीठ पीछे ऐसा बोलती हैं। यही बात मेरे दूसरे मित्रों ने भी कही परन्तु मैंने जाने दिया।

एक वर्ष पश्चात आप मेरी कक्षा (नौ) में गणित पढ़ाती थीं। पूरी कक्षा लड़कियों की थी। आपका गणित किसी को अच्छा नहीं लगता और पेपर में भी बहुत खराब मार्क्स आते। यह बात छिपाने के लिए आप दूसरे शिक्षकों से कहती कि "इस वर्ग की लड़कियाँ मूर्ख हैं, इनमें अक्कल जैसी चीज ही नहीं है। विद्यालय में गलत धन्धे के लिए, फैशन

दिखाने के लिए आती हैं।" ऐसा तो आप हमारे सामने भी कहती थीं। परीक्षा का समय था। तब आपने पढ़ाते-पढ़ाते कहा था, "जो विद्यार्थी फेल हुआ उसके कपड़े वर्ग के सामने उतारूँगी, लड़कियों के उतारने भी में देर नहीं करूँगी।" मुझे बहुत ही दुःख हुआ था। एक स्त्री होकर आप ऐसी बातें करती हो! आपकी ऐसी बातें सुनकर कोई आपको पसन्द नहीं करता था, इससे आप और गुस्सा उतारतीं। उसमें भी आपको मुझसे बहुत तकलीफ थी। अपने विषय का रिजल्ट छिपाने के लिए हमारे वर्ग को बदनाम करती थीं। मुझे गणित बिलकुल नहीं आती थी इसलिए आप मुझे बार-बार धमकी देती थीं, "रिजल्ट अच्छा नहीं आया तो माता-पिता को फोन करूँगी, और फिर देखना मैं क्या-क्या कहती हूँ तुम्हारे माता-पिता से!" घर पर फोन करने की धमकी आप मुझे बार-बार देतीं। यह सुनकर मैं बहुत दब जाती, अकेले में रोती। परन्तु इससे भी असह्य बात मुझे यह मालूम हुई कि आप मेरी बदनामी कर रही हैं कि "यह बदनाम लड़की है, खराब है, बेशर्म है, इसे विद्यालय से निकाल दो।" आप विद्यालय के शिक्षकों, विद्यार्थियों, सभी से मेरे बारे में ऐसा कहतीं। आप मेरे वर्ग की लड़कियों से भी कहतीं। इस वजह से वर्ग में मुझे कोई नहीं बुलाता था, सभी शिक्षक मुझ पर नजर रखते थे कि मैं कहाँ जाती हूँ? क्या करती हूँ?

मुझे विद्यालय में आना ही अच्छा नहीं लगता था। मुझे गणित से नफरत हो चुकी थी, पढ़ना ही अच्छा नहीं लगता था। आपका मुँह देखतीं तो आँखों में पानी भर आता कि मैंने आपको भगवान समझा था। मैं स्कूल में अकेली पड़ गई थी। उस पर आप पढ़ाई का बहुत बड़ा बोझ लादतीं। एक दिन मुझसे रहा नहीं गया। सहन न कर पाने से मैंने अपने पैर में चाकू से पच्चीस-तीस वार किए। मैं यह सब भूलना चाहती थी परन्तु उससे पहले आप मेरे साथ कुछ न कुछ अन्याय करती रहीं। आपकी बातों में एक प्रतिशत भी सच्चाई न होती। इससे

मैं और अकेली पड़ जाती। मैं सही थी, इसलिए कि आपने मुझे कभी कुछ भी सामने से नहीं कहा, सदैव पीठ पीछे कायरों की तरह छुरी भोंकती रहीं।

आप शिक्षक कहलाने योग्य नहीं हैं। आप जैसी शिक्षिकाओं के कारण ही बच्चे आत्महत्या करते हैं। आप जैसी शिक्षिकाओं के कारण ही हँसते-खेलते बच्चे मुरझा जाते हैं।

भवदीय
आपकी बदनाम विद्यार्थी
आरती

30

आपके कारण उसने आत्महत्या की

आदरणीय भावेश सर,

मेरा नाम विरल है। मैं और मेरा मित्र धवल दोनों एक साथ कक्षा नौ में पढ़ते थे। हमारी कक्षा की क्लास-मॉनिटर दो लड़कियाँ थीं। इन लड़कियों ने मेरे मित्र धवल पर बिलकुल गलत आरोप लगाया कि धवल उनसे छेड़खानी करता है। उसके बाद उन लड़कियों ने आपसे कहा तो आपने किसी की कुछ भी सुने बिना उसे कक्षा के बीच दस-पन्द्रह मिनट तक लिटाकर पीटा! इससे भी आपको सन्तोष नहीं हुआ तो सभी कक्षाओं में ले जाकर उन लड़कियों से उसके गाल पर दो-दो चप्पलें लगवाईं। मेरे मित्र को आपने पीटा उसका उसे दुःख नहीं था परन्तु आपने जब ऐसे गलत आरोप पर चप्पलें लगवाईं, वह उसे बहुत बुरा लगा और उसने आत्महत्या कर ली। उसके कारण मेरे दिल को बहुत ठेस पहुँची। उसने आत्महत्या की उसका असर मुझ पर आज भी दिखाई देता है कि पढ़ाई से मेरा विश्वास उठ गया है। सा...बेशर्म भावेश, क्या तुझे यह नहीं मालूम था कि तेरे कारण विद्यालय के लड़के ने आत्महत्या की! यह बात तुझे मालूम हो इसलिए मैंने यह पत्र तुझे लिखा है।

जब धवल ने आत्महत्या की तब मुझे ऐसा लगा कि जैसे मेरा दिल टुकड़े-टुकड़े हो गया और दूसरे शब्दों में कहूँ तो मेरे दिल को लगा

कि मैंने अपना सगा भाई खोया हो, और ऐसा अब भी लगता है। इस बात को तो मैं और स्कूल के लड़के-लड़कियाँ ही जानते हैं कि जाने ऐसे कितने ही विद्यार्थियों ने आत्महत्या की होगी। स्कूल पर से मेरा भी विश्वास उठ गया है।

क्या आपको मालूम है कि आपके कारण कितने ही लड़के-लड़कियों ने आत्महत्या की होगी? यह बात आपने कभी सोची है? यदि आपको ऐसा ही करना था तो आप शिक्षक बने क्यों? आप कैसी पीढ़ी तैयार कर रहे हो, उसकी दरकार आपको नहीं थी? क्या आपको अपने देश के लिए गौरव या अभिमान नहीं था? क्या आपने ऐसे प्रश्न पूछे हैं या कभी भी सोचा है? यदि आपने सोच-विचार किया होता तो ऐसा घटित होता? ऐसी वजहों से जाने कितने विद्यार्थियों के माँ-बाप पर क्या बीती होगी, उसके बारे में भी आपने सोचा होता!

भवदीय
आपका संवेदनशील विद्यार्थी
विरल

31

विकृत मानसिकता का पाठ पढ़ाए—क्या वह शिक्षक है?

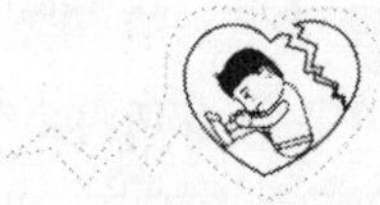

ओ जागृत,

मैं शारदा विद्यामन्दिर पाठशाला की कक्षा 11वीं में पढ़नेवाला आपका विद्यार्थी—राज।

जब विद्यालय आरम्भ हुआ था तब एक-दो महीने तक आप अच्छी तरह पढ़ाते-समझाते थे। परन्तु एक महीने बाद जब क्लास में लड़कियाँ कहतीं कि अब उन्हें नहीं पढ़ना है तो आप हमें पढ़ाना बन्द कर देते थे। उसके बाद आप हमें बेकार की कहानियाँ सुनाते और हमें बताते कि आपने अपनी जिन्दगी में किसी को खराब काम करते समय देखा है। फिर दिनोदिन आप हमें क्लास में गन्दी बातें कहने लगे कि क्लास में लड़का-लड़की का चक्कर तो नहीं चलता, यदि कोई चक्कर चलता हो तो मुझे कहना, मैं उनकी सेटिंग करवा दूँगा। फिर एक दिन आपने कहा कि आप पत्नी के साथ किस तरह घूमने गए थे, क्या किया था! आप एक बार अपने मित्रों के साथ गार्डन में घूमने गए थे तब लड़के-लड़कियों को किस करते देखा और आपको फोटो खींचने का भी मन हुआ लेकिन सबके सामने अच्छा नहीं लगता इसलिए फोटो नहीं खींचा। तीसरे सप्ताह आपने क्लास में बताया कि

शादी के बाद आपने अपनी पत्नी के साथ ऐसा किया था और सभी लड़के-लड़कियों को भी ऐसा करना चाहिए। तुम बड़े होकर करना, उसे करने में बहुत मजा आता है।

आप ऐसा बहुत कुछ हमें कहते जिसके कारण मेरे सभी मित्रों का भी स्वभाव खराब हो गया है। वे सभी मुझसे गाली-गलौज के साथ बात करते हैं और यदि मैं बात न करूँ तो मुझे कहते हैं बहुत पढ़ाकू हो गया है, और मुझे कहते हैं कि मालूम है कि तू मोबाइल पर बहुत गन्दे फोटो-विडियो देखा करता है। तू हमें मत समझा, तू भी हमारे जैसा ही है और नहीं है तो बन जा। तुझे इसमें बहुत मजा आएगा। और यदि मैं उनकी बात न सुनूँ तो मुझे गालियाँ देने लगते हैं, मुझे सब चिढ़ाते हैं और धक्का मारते हैं—ऐसा सब मेरे साथ करते।

सर, आप सबसे ज्यादा लड़कियों की लाइन में ही खड़े रहते हैं, उनकी सभी बातें सुनते हैं, लड़कियों के साथ खराब-गन्दी बातें करते और लड़कियों को कहते हैं कि शरमाओ नहीं, आज की लड़कियों को इसमें शर्म नहीं लगती। और ऐसा भी कहते कि यह सब तो कॉमन हैं, सभी करते हैं, ऐसा सब आप हमसे कहते। इससे आपके कारण जब किसी लड़की के साथ किसी काम के लिए मैं बाहर जाता तब मेरे मित्र मुझे खूब चिढ़ाते और कहते कि तेरी पत्नी है या गर्ल फ्रेंड है? इससे क्लास में मेरी बड़ी बेइज्जती होती है और मैं बहुत लाचार महसूस करता हूँ।

सर, आपके कारण मुझे बहुत दुःख हुआ है। मैं इन सभी बातों को भूलना चाहता हूँ फिर भी भूल नहीं पाता। मैं जब पढ़ने या लिखने बैठता हूँ तब मुझे ये सब खराब बातें याद आती हैं जिससे मैं अच्छी तरह पढ़ या लिख भी नहीं पाता। तब मुझे बहुत रोना आता है। मैं घर के एक कोने में बैठकर रोता हूँ। मुझे कुछ भी समझ नंहीं आता कि मैं क्या करूँ और क्या न करूँ; मैं अपनी रुलाई पर कंट्रोल भी नहीं

रख पाता। ऐसे विचारों के कारण रात में नींद भी नहीं आती और सुबह तड़के उठ भी नहीं पाता। सर, मुझे आपका विषय पढ़ना भी अच्छा नहीं लगता। आपके कारण मेरे सभी मित्रों के साथ सम्बन्ध भी बिगड़ चुके हैं। मैं उनके साथ बात भी नहीं कर सकता। मुझे आपके लिए इतना खराब फील होता है कि हमें ऐसे सर मिले! मैंने आज तक इतना खराब शिक्षक नहीं देखा! आप लड़के-लड़कियों के लिए ऐसा सोचते हैं? आप हमारे साथ इतना खराब व्यवहार क्यों करते हैं? इसकी वजह से हमारे दिमाग में अच्छे विचारों की जगह पर खराब विचार आते हैं। ऐसी खराब बातें करने से आपको क्या मिलता है? आपको अपना सर कहने में भी मुझे शर्म आती है।

सर, आप अपना फर्ज भूल गए हैं? शिक्षक बच्चों को उनकी मंजिल तक पहुँचाने के लिए होते हैं न कि भटकाने के लिए। इस कारण बहुत से विद्यार्थी डिप्रेशन में आ जाते हैं। हम विद्यालय में पढ़ने के लिए आते हैं या ऐसा सब जानने के लिए आते हैं? सर, हम जब छोटी भूल करते हैं तो आप हमें बड़ी सजा देते हो। किन्तु आपने ही इतनी बड़ी भूल की है तो आपकी सजा क्या हो? हमारे मम्मी-पापा हमें पढ़ने भेजते हैं न कि यह सब जानने के लिए। हम मम्मी-पापा को भी नहीं बता सकते कि आप पढ़ाने की जगह यह सब करते हो। क्लास में आपका ऐसा व्यवहार क्या उचित है?

भवदीय
आपका आहत विद्यार्थी
राज

32

आप तो राक्षस निकले!

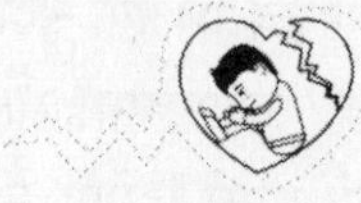

आदरणीय गोहिल सर,

मैं आपको किस नाम से सम्बोधित करूँ? मैं आपके पास ट्यूशन लेने आता था। एक दिन आपने हमें गणित का सवाल दिया था। उस दिन बरसात हो रही थी। दीदी से डाउट पूछने के लिए मैंने पीछे देखा था और आपने मुझे बुलाकर कहा कि मैं बातें कर रहा था। आपने मुझे दो-तीन थप्पड़ मारे, फिर पूछा क्या कर रहे थे? हर बार मैं एक ही उत्तर देता कि मैंने डाउट पूछने के लिए पीछे देखा था परन्तु आपने मेरी एक न सुनी और मुझे लगातार थप्पड़ मारते रहे। मेरे कान से खून निकलने लगा इसलिए बाद में मेरी पीठ पर मुक्का मारा और आपने मुझे धमकाया कि यदि मैं रोया तो मेरे हाथ की हड्डी तोड़ दोगे। आपने मुझे पूरी कक्षा के सामने मारा था। फिर मैं एक-दो दिन ट्यूशन भी नहीं आया।

मैं आपका कितना सम्मान करता था परन्तु आपको जरा भी कदर न थी। आपको मैं एक सज्जन शिक्षक मानता था परन्तु आपने जैसे मुझे मारा-पीटा उसे सहन करना बहुत कठिन था। आपको हम भगवान मानते थे किन्तु आप तो राक्षस निकले। क्या आपने एक बार भी सोचा कि दूसरे लड़के आपके बारे में क्या सोचेंगे? आपके साथ कोई ऐसा

करे तो आप क्या करेंगे? आपने कभी अपने बेटे को इस तरह मारा है? दूसरों के बच्चों को मारने के लिए किसने आपको सहमति दी? आपको मालूम है कि मुझे कितना दर्द हुआ होगा? मुझे खून बह रहा था फिर भी आपने मारना बन्द नहीं किया? आपमें मानवता नाम की कोई चीज नहीं है? आप इतने निर्दयी कैसे हो सकते हैं?

भवदीय
आपका डरपोक विद्यार्थी
ध्रुविल

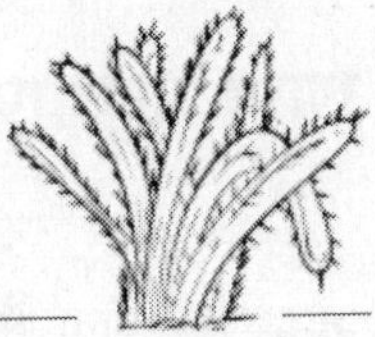

33

छात्रा या आपकी नौकरानी?

आदरणीय गीता मैडम,

मुझे मालूम है कि आप इस सम्बोधन के लायक नहीं हो परन्तु क्या करूँ मजबूर हूँ, आपकी मेहरबानी से। तो सोचा कि आपको याद करवा दूँ।

याद है वह दिन जब एकदम सवेरे-सवेरे अच्छी तरह तैयार होकर मैं समय से पहले ठीक सात बजे स्कूल पहुँच गई थी, फिर प्रार्थना करके क्लास में गई। और बाद में आपके कहे अनुसार चौथी कक्षा के बच्चों को पढ़ाने गई। आठ बजे कि तुरन्त ही आपकी प्यारी बेटी मुझे बुलाने आई कि चलो पूर्वी। और मैं उसके साथ आ गई आपके विद्यालय में बनाए गए घर या घर में बनाए गए विद्यालय—सब एक ही—में। जिस में अमुक रूमों में बेंच नहीं थी वह आपका घर और बाकी बेंचवाले रूम यानी क्लासरूम। हाँ, तो रोज की तरह आपके परिवार के नास्ते के बाद सभी बर्तन जहाँ के तहाँ मेरी राह देख रहे थे। मैंने भी तुरन्त स्लीव्स चढ़ाकर काम शुरू कर दिया। बस पन्द्रह मिनट में काम करके फ्री हुई कि आपने मुझे कपड़े धोने के लिए कह दिया। मुझे मालूम है कि छह लोगों के कपड़े धोने में एक घंटा न लगे परन्तु बारह साल की उम्र में क्या होगा? मैंने डेढ़ घंटा लगाया था। अन्ततः

उसे निपटाकर अभी बैठी ही थी कि आपने तुरन्त ही कहा, बैठी हो तो थोड़े कपड़े भी इस्तरी कर दो। मैंने आपसे कहा भी कि मैडम मुझे इस्तरी करना नहीं आता, तो आपने कहा, कोई हर्ज नहीं, करोगी नहीं तो सीखोगी कैसे?

मैंने सोचा कि चलो पढ़ाई न सही, कुछ तो सीखें। इस विचार से मैं शीघ्र ही कपड़ों के ढेर के पास बैठ गई और इस्तरी करना शुरू किया। आप बहुत ही ध्यान रखतीं कि कहीं भी सर के कपड़े जले नहीं। मुझे यह नहीं पता था कि डेनिम के पैंट और फॉर्मल पैंट की इस्तरी अलग ढंग से होती है। आपने वहाँ आकर तुरन्त ही इस्तरी मेरे हाथ से छीनकर मेरा हाथ जला दिया और तब तक जलाती रही जब तक मुझे अपनी भूल का अहसास न हो गया। शायद मेरे लिए उन्हें सॉरी कहने के अलावा और कोई रास्ता नहीं था। आप तो चली गईं लेकिन मुझे समय लगा अपने जले हाथ को ढँकने और निरन्तर बहते आँसुओं को रोकने में। समय नहीं था, किन्तु अभी भी मेरी इच्छा थी कि काश, कोई इस जले हाथ पर मरहम लगाए! परन्तु उसे स्लीव से ढँककर छिपाने के सिवाय मैं और क्या कर सकती थी? फिर शीघ्र आपके पास आकर मैंने अपनी भूल स्वीकार की, प्लीज मैडम, प्लीज, आगे फिर कभी ऐसा नहीं होगा...लेकिन आप बड़ी मैडम को कहकर, संजय की तरह दूसरे माले पर ले जाकर मुझे भी उलटा लटकाकर, खिल्ली उड़ाकर, वहाँ से फेंककर मरवा मत देना। मैं कभी भी ऐसी भूल नहीं करूँगी और यदि करूँ तो आप अपने घर का सारा काम मुझसे करवाना। और ऐसा हो तो बड़े सर का डंडा भी खा लूँगी, परन्तु प्लीज मुझे मार मत डालना। उस दिन बहुत दर्द हो रहा था लेकिन कहूँ किससे? मम्मी-पापा के पास समय नहीं होता और स्कूल तो मैं आपकी मंजूरी के बिना छोड़ नहीं सकती। केवल मरने के डर से हर रोज आपके घर का काम करना मेरा फर्ज कहूँ या मजबूरी बन गई थी।

लेकिन एक दिन इस सब का अन्त आ ही गया। मुझे दूसरे गवर्मेंट स्कूल में एडमिशन मिल गया। देरी थी तो मेरे एल.सी. लेने की। लेकिन यह इतना सरल न था। आप इतनी जल्दी अपने मजदूर को एकदम ऐसे कैसे जाने देती?

माना कि मेरी मम्मी ने नाम लिखाते समय भूल की परन्तु मैंने आपसे यह भी कहा कि अब मेरे सारे डॉक्यूमेंट में मेरा नाम पूर्वी है। लेकिन आपने मेरी एक न सुनी। एडमिशन की डेट के आधे घंटे तक मुझे इंतजार करवाया और अन्ततः आपने मुझे पूर्वीशा नाम से ही एल.सी. दी। यदि उस दिन मैंने अपने-आप वाइटनर से भूल न सुधारी होती तो शायद मेरा नाम ही एक प्रश्न बन जाता।

हाँ, शायद मुझे ही भ्रम था कि बच्चे विद्यालय में शिक्षा प्राप्त करने जाते हैं। आपको धन्यवाद कि आपने इस भ्रम को तोड़ने में मदद की। आपके विद्यालय में आकर शिक्षा को छोड़कर वे सारे काम सीख सकी जिसे सीखने के लिए अभी देर थी। और हमने भी बहुत अच्छी तरह से बाल मजदूरी की। हमारे जैसे गरीब लोगों के जीवन में प्रॉब्लम नहीं होती लेकिन प्रॉब्लम में थोड़ा-सा जीवन होता है। कैसी सुन्दर कला थी आपकी! हमारा बचपन खराब करके हमें मालूम भी न होने दिया। बहुत सारी सहनशक्ति का विकास किया। इस सबके लिए आपका धन्यवाद।

क्या मैं पढ़ने के लिए विद्यालय में आती थी? क्या मेरी भूल-गलती इतनी बड़ी थी? क्या मैं पढ़ने के लायक नहीं थी? आपने जो किया क्या वह सही था? आपके बच्चे के साथ ऐसा होगा तो क्या आपको अच्छा लगेगा?

भवदीय

आपकी बाल मजदूर विद्यार्थी

पूर्वी

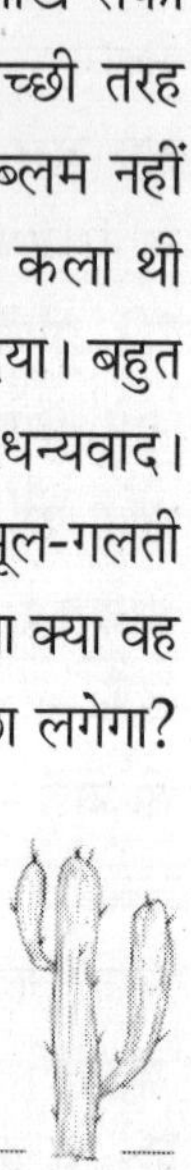

34

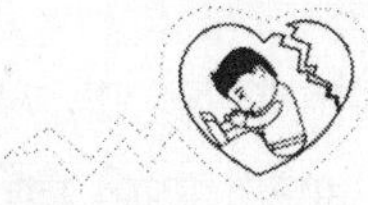

क्या लड़की से बात करना अपराध है?

पंकित भाई,

यह बात तब की है जब मैं छठी कक्षा में पढ़ता था। मैं दस मिनट पहले स्कूल पहुँच गया था। अपने दोस्तों के साथ बातें कर रहा था। तभी आकर आप मुझे थप्पड़ मारने लगे और मारते-मारते क्लास से बाहर निकाल दिया। मेरा क्लास तीसरी मंजिल पर था। मुझे तीसरी मंजिल की सीढ़ियों पर से धक्का मारकर नीचे गिरा दिया। मैं गिरता-पड़ता दूसरी मंजिल पर आया। तब भी आप मुझे मारते रहे। बाद में दूसरी मंजिल की सीढ़ियों पर से फिर धक्का मारा और मैं पहली मंजिल पर जा गिरा। और वहाँ से स्कूल का गेट पाँच मिनट की दूरी पर था। सीढ़ी से स्कूल के गेट तक मारते-मारते स्कूल से बाहर निकाल दिया। मुझे बहुत चोट लगी थी और मैं रो भी रहा था। दूसरे दिन मैं अपने पापा को लेकर स्कूल आया और प्रिंसिपल के पास गया। प्रिंसिपल ने कहा आपका लड़का लड़की से छेड़खानी करता है। मेरे पिता ने मुझे थप्पड़ मारा तो मैंने गुस्से में सर से पूछा, "कौन लड़की थी?" सर ने मेरी बहन का नाम लिया जो मेरे साथ पढ़ती थी। और उन्होंने कहा आपका लड़का लड़की के साथ बैठता है और बातें करता है।

मुझे बहुत दुःख हुआ था और स्कूल से मेरा विश्वास उठ गया था। मेरे पापा ने थप्पड़ मारा उसका भी बहुत दुःख हुआ था और गुस्सा आया था। आप मेरे दोस्तों से पूछ सकते थे या उस लड़की से पूछ सकते थे, आपको मारने का अधिकार किसने दिया? आप मुझ पर विश्वास क्यों नहीं करते? आप भेदभाव क्यों करते हो?

भवदीय
आपका टपोरी विद्यार्थी
केवल

35

ट्यूशन के लिए दबाव

जिगर सर,

मैं नौवीं कक्षा में था तब प्रॉक्सी पीरियड में आकर आपने मुझे मारना शुरू कर दिया। आपने मेरी गलती के लिए दो-तीन थप्पड़ मारे। दूसरे दिन फिर आकर भरी क्लास में मुझे चार-पाँच थप्पड़ मारे। आपसे मैंने मारने का कारण पूछा तो उत्तर दिया कि तुझे मारने के लिए मुझे कारण की जरूरत नहीं है। मैंने प्रिंसिपल सर से आपकी शिकायत की और आपको तीन-चार लड़कों के साथ नीचे बुलाया गया। वे लड़के आपके ट्यूशन वाले विद्यार्थी ही थे। इसलिए उन्होंने आपके लिए झूठ बोला और आपने मुझे प्रिंसिपल के सामने गलत साबित किया। यह देखकर प्रिंसिपल ने मुझे एल.सी. ले जाने का आदेश दिया। मैंने बहुत विनती की तब वे माने। फिर एक दिन मैंने आपसे अकेले बात की और कारण पूछा तो आपने मुझसे कहा मैंने तुझे मेरी ट्यूशन क्लास में आने का ऑर्डर दिया था तो तू दूसरी क्लास में क्यों गया?

यह सुनने के बाद मैं समझ नहीं पा रहा था कि क्या करूँ? मेरे माता-पिता को यह बात मालूम हुई और उन्होंने मेरी स्कूल बदलवा दिया।

मेरे मन में प्रश्न उठता है कि भारत में लोकतंत्र के बावजूद कोई शिक्षक किसी विद्यार्थी पर अपने ट्यूशन क्लास में आने के लिए दबाव कैसे डाल सकता है?

स्कूल में जब यह सब हुआ तब मुझे बहुत गिल्ट फील हुआ। हमारा देश आजादी के बाद भी कितना बैकवर्ड है। हर शिक्षक कितना ज्यादा पैसा लेता है। हर शिक्षक पैसे के बदले में ही अपना ज्ञान देता है। कुछ सदियों पहले शिक्षक को भगवान का दर्जा दिया जाता था, वे पैसे के लिए काम नहीं करते थे, उन्हें उसका लालच नहीं था।

मैं टॉपर स्टूडेंट था इसलिए आपने मुझे अपने ट्यूशन में आने के लिए फोर्स किया और वहाँ आने के बेनिफिट बताए। मुझे सिर्फ यह जानना है कि क्या मेरे द्वारा दी गई फीस के बदले आप पूरी जिन्दगी खुशी से व्यतीत कर सकते थे?

मेरे मन में यह प्रश्न उठता है कि आप होशियार और कमजोर विद्यार्थी के बीच कितना भेदभाव करते हो? भला कोई अपना ही फायदा कैसे देख सकता है? वे ऐसी हिम्मत कैसे कर सकते हैं जबकि उन्हें कोई हक नहीं है। मेरे मन में ऐसे सौ प्रश्न उठते हैं। मेरे मत में, सरकार को विद्यालयों के लिए कड़े नियम बनाने चाहिए, ताकि जिन समस्याओं को मैंने सहा, उसे और कोई न सहन करे।

भवदीय
आपका अप्रिय विद्यार्थी
जन्मय

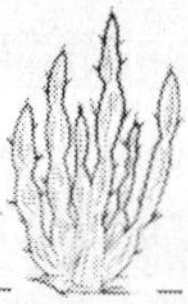

36

मैं जब रोती थी तब आप हँसती थीं?

आदरणीया जिगीशा दीदी,

शिक्षक के पद के रूप में आपको 'आदरणीया' सम्बोधन देना पड़ता है। यदि मेरा चले तो मैं आपको नाम से भी न बुलाऊँ। जिस तरह आप मुझे काली, गन्दी, पागल कहती थीं उसी तरह मैं भी आपको अनुभव करवाऊँ।

आपको शायद मैं बहुत खराब रूप में किन्तु गहरे तक याद होऊँगी। मैं छठी कक्षा की आपकी प्रिय विद्यार्थी कुंजल। इतिहास विषय में मेरी अच्छी पकड़ थी, मुझे वह विषय पसन्द भी था और वह आपका भी विषय था।

आपके व्यवहार से मेरे विकास को अपार हानि पहुँची है, जिसे याद करके मैं आज भी रो पड़ती हूँ, काँप उठती हूँ और आपसे इतना डर लगता है जैसे आप कोई राक्षसी हों! ऐसा व्यवहार किसी और के साथ हो तो वह मेरे जैसा कुंठित न हो, और आपके जैसी शिक्षिका को भी समझ में आए कि आपकी तुच्छता का औरों पर क्या प्रभाव पड़ता है, इस हेतु यह पत्र लिख रही हूँ।

श्री ज्योति विद्यालय का वह पहला साल था। हम दोनों का विषय एक होने से हमारे सम्बन्ध बहुत अच्छे थे। इतिहास में मेरे जब सौ में से सौ मार्क्स आए तब आपने मेरा पेपर (उत्तर पुस्तिका) सभी वर्गों में दिखाया था। वह दिन मैं आज भी नहीं भूल सकी हूँ। आपको लगेगा

कि फिर इसमें इतना गुस्सा क्यों? परन्तु वह घटना मेरे लिए तूफान से पहले की खामोशी साबित हुई थी।

कक्षा छह बहुत अच्छी तरह से पूरी करने के बाद सातवीं कक्षा में आप ही हमारी क्लास टीचर बनीं। मेरे साथ रहनेवाली पाँच लड़कियाँ और मैं आपको बहुत प्रिय थे, अतः आप हमसे अच्छा व्यवहार करतीं और बाकी सभी के साथ ऐसा व्यवहार करतीं मानो वे जानवर हों। न्याय के लिए हमेशा पापा से भी लड़नेवाली कुंजल ने आपके समक्ष अपनी बात रखी, "आप सभी के साथ एक समान व्यवहार कीजिए अथवा किसी को भी प्रिय विद्यार्थी के रूप में न रखें।" मेरे इस व्यवहार से आप देख सकीं कि मैं आत्मविश्वास से भरपूर थी और न्याय के लिए अपने प्रति प्रिय व्यवहार छोड़ने के लिए तैयार थी।

मेरे इस आचरण के बाद आपका व्यवहार मेरे प्रति बिलकुल बदल गया। मेरी बात या समस्या को आप सुनती ही न थीं। कक्षा में सभी के सामने मुझे नीचा दिखातीं। परीक्षा में जान-बूझकर मुझे सौ में से उनचास मार्क्स दिए। जबकि मुझे मालूम था कि मेरा पेपर बहुत ही अच्छा हुआ था। मैंने रिचेकिंग के लिए कहा तब आपने उल्टा-सीधा सुनाकर दो थप्पड़ लगाए। वह साल मेरे लिए बहुत खराब बीता। मेरा आत्मविश्वास दिनोंदिन टूटता जा रहा था और मैं स्कूल आने में डर महसूस करने लगी थी।

मुझे लगा कि सातवीं कक्षा पूरी होने पर इससे छुटकारा मिलेगा परन्तु मुझ पर तब आसमान टूट पड़ा जब मालूम हुआ कि कक्षा आठ की हमारी क्लास टीचर के रूप में आपकी नियुक्ति हुई है। उस समय मेरी मम्मी की तबीयत बहुत खराब रहा करती थी। तब स्कूल का यूनिफॉर्म सफेद होने से कई बार गन्दी रह जाती। तब आप मुझे गन्दी-गोबरी कहकर क्लास से बाहर निकाल देतीं और दूसरे के कपड़े देकर मेरा कपड़ा धुलवाती, और उन्हीं गीले कपड़ों को पहनने के लिए

मजबूर करतीं। मेरे शरीर के लिए यह बहुत हानिकारक साबित हुआ। मुझे न्यूमोनिया हुआ, डॉक्टर ने बताया कि उसके इलाज के बाद भी मैं आजीवन सरदी के भयंकर प्रभाव से पीड़ित रहूँगी।

इतने से भी आपका मन नहीं भरा। मम्मी की बीमारी के कारण मैंने अभी-अभी चोटी गूँथना सीखा ही था। उससे कभी-कभी चोटी ढीली होने से स्कूल में ही खुल जाती तो आप मुझे बीच कक्षा में बहुत खराब ढंग से नीचा दिखाकर सभी के सामने मुझसे अपने-आप चोटी गुँथवाती। आपके ऐसे व्यवहार के बावजूद शिक्षक पद के कारण आपका मैं आदर करती रही लेकिन ये आदर भी नफरत में बदल गया जब साल के अन्तिम महीने के दरम्यान आपने कहा कि "अब तो ये जाए तो शान्ति हो।"

मेहरबानी करके इतना सोचकर देखना—क्या आपका ऐसा व्यवहार उचित था? मैं रोती तब आप हँसती—क्या यह मानसिक बीमारी के लक्षण जैसा नहीं लगता? अच्छे शिक्षकों का सहारा मिलने से मैं अपने-आप को सँभाल सकी। परन्तु आपके उस व्यवहार से मुझे जो नुकसान हुआ, वह आज भी मेरे विकास में अवरोधक है। आप जैसे शिक्षकों के कारण कई महान व्यक्ति महान बनने से पहले टूट जाते हैं। क्या आप शिक्षिका होने के लायक हैं? डिग्री से नहीं अपितु वाणी-व्यवहार से किसी की जिन्दगी बचाने में समर्थ हैं? और सबसे महत्त्वपूर्ण, विद्यार्थियों की जिन्दगी से खेलने का अधिकार आपको किसने दिया? आपको ऐसा नहीं लगता कि आपने मुझे शब्दों से मार डाला है, आपको ऐसा नहीं लगता?

भवदीय
आपकी गन्दी विद्यार्थी
कुंजल

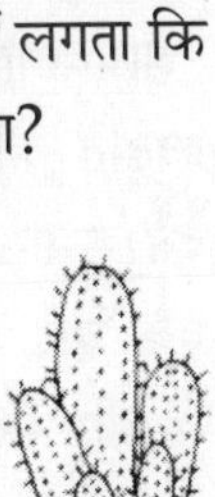

37

गलती न होने पर भी जानवरों जैसी पिटाई...

आदरणीय आचार्य महोदय,

मैं आपको वंदन करता हूँ। मैं आपके विद्यालय का भूतपूर्व विद्यार्थी हूँ। आप श्री विनय मन्दिर शाला के आचार्य थे। मैं आपके स्कूल में 2006 से 2018 तक विद्यार्थी रहा। बहुत समय बाद मुझे आपको यह पत्र लिखना पड़ रहा है।

आपको मालूम ही होगा कि जब मैं दसवीं कक्षा में पढ़ता था तब आप हमें गणित पढ़ाते थे। उस समय मुझे सवाल न आने पर या मैं कोई प्रश्न पूछना चाहता तो आप पूरी क्लास के सामने मेरा अपमान करते, "पायथागोरस का परदादा है।" कई बार आप मुझे खराब नाम देकर चिढ़ाते और कुछ भी न किया हो तो भी हमें मार कर बाहर निकाल देते। हमारी परीक्षा के दरम्यान पेपर पूरा होने पर हमें घर जाना होता था। एक बार जब कम्प्यूटर का पेपर था तब जल्दी पूरा हो जाने से हम, मैं और मेरे क्लास के मित्र, घर जाने के लिए निकल रहे थे। उस दिन ऐसा कोई नोटिस नहीं आया था कि अन्तिम पीरियड पूरा कर घर जाना है। हम लोग अपनी साइकिल लेकर जा रहे थे तब आपने हमें वापस बुलवाया और कुछ भी जाने बिना हमें खूब डाँट-फटकार लगाई। आपने

हमारी कोई भी बात नहीं सुनी और हमें लाइन में खड़ा करके चपरासी से डंडा मँगवाकर हमें बहुत ही मारा। तब आपने ऐसे शब्द भी कहे जिसे मैं नहीं कह सकता। इस पिटाई के कारण मुझे लगातार दो दिन तक बुखार रहा और मैं स्कूल नहीं आया। जब स्कूल आना शुरू किया तब भी मुझे डाँटना और खरी-खोटी सुनाना जारी रहा।

ऐसी घटनाओं के कारण मैं आपने-आप को गिरा हुआ समझने लगा, जिससे मेरे आचरण और मेरी पढ़ाई में बहुत ही खराब बदलाव आया। मैं पढ़ाई से दूर भागने लगा और मेरा स्वभाव चिड़चिड़ा तथा गुस्सैल हो गया। इस त्रास के कारण अमुक बार तो मुझे आत्महत्या करने का विचार आ गया था। इन कारणों से मुझे आप पर बहुत गुस्सा आता था और मैं अपनी इन भावनाओं को इस पत्र से अभिव्यक्त कर रहा हूँ। आपके बर्ताव के कारण मेरे आत्मविश्वास पर बहुत बुरा प्रभाव पड़ा है और मैं कमजोर हो गया हूँ।

भवदीय
आपका कमजोर विद्यार्थी
पीयूष

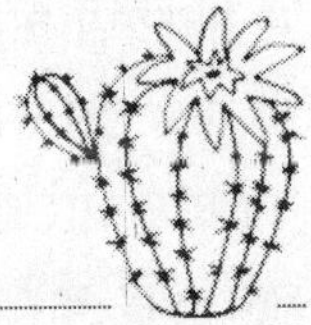

38

सुनवाई के बिना अपराधी ठहराना

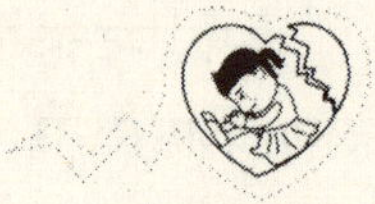

आदरणीय एम.के. सर,

नमस्ते। आशा करती हूँ कि आप सकुशल होंगे। वैसे मैं आपको हर रोज याद करती हूँ परन्तु आज कुछ विशेष याद कराने के लिए याद किया है।

एक दिन मैं विद्यालय नहीं आई थी। उस शाम आपने मुझे बाजार में गोलगप्पे की दुकान पर मेरी सहेलियों के साथ देखा। तब दूसरे दिन ही कुछ इस तरह हुआ—क्लास में आपका पीरियड शुरू होते ही कोर्स को एक ओर छोड़कर सबसे पहले मुझे खड़ा करके पूछा कि कल क्यों नहीं आई थी? तब मेरी कोई बात सुने बिना आपने मान लिया था कि मैं झूठ बोल रही हूँ और होमवर्क नहीं करने के कारण बीमार होने का बहाना कर रही हूँ। तब मुझे अपनी हालत बताने का मौका नहीं मिला। आपने कोई कारण जाने बिना मुझे बाहर निकाल दिया। आपने स्वयं ही सब तय कर लिया, क्या वह उचित था?

उस दिन ऐसा हुआ था कि सुबह से मुझे सिरदर्द हो रहा था, इसलिए स्कूल न आ सकी। शाम को मैं अपनी सहेली के घर पुस्तक लेने जा रही थी तभी वह मुझे रास्ते में गोलगप्पे की दुकान पर मिल गई। मैं उसके साथ बातें करने लगी कि मैं क्यों नहीं गई और कि पूछने लगी

कि स्कूल में क्या पढ़ाया। मैं गोलगप्पे खाने नहीं गई थी और खाए भी नहीं परन्तु आपने मान लिया कि मैं उनमें से एक हूँ। क्या आपको नहीं लगता कि मेरे साथ गलत हुआ? मेरी हकीकत जाने बिना आप किस तरह क्लास से मुझे निकाल सकते हैं? सभी विद्यार्थियों पर कितना गलत प्रभाव पड़ता है, क्या आपको नहीं मालूम?

मेरा आत्मविश्वास नहीं रहा। मैं तो घर आकर आईने में अपना मुँह भी न देख सकी। इसके कारण शिक्षकों और विद्यालय से मेरा विश्वास उठ गया। किसी बच्चे को सोचे-बिचारे बिना यूँ ही बाहर निकाल दिया और उसकी परिस्थिति को जानने का प्रयास भी नहीं किया। आपके प्रति मुझे नफरत होने लगी और विद्यालयों के प्रति गुस्सा बढ़ने लगा। उस विद्यालय में रहना मेरे लिए मजबूरी बन चुकी थी। मैं अच्छे वातावरण में होने के बावजूद राहत की साँस भी नहीं ले सकती थी। मेरे लिए अकेलेपन के सिवाय कुछ भी नहीं बचा था। सभी सहेलियों ने भी मेरे साथ बात करना बन्द कर दिया था। मैं स्कूल में अकेली पड़ गई और घर छोड़ने के नकारात्मक विचार मुझे आने लगे।

सौभाग्य से हमारा ट्रांसफर अहमदाबाद हो गया, अन्यथा मैं उस शहर में रह ही न सकी होती। बस मुझे वह घटना याद आते ही गुस्सा और आँख में आँसू आ जाते हैं। इस बात को पाँच साल बीत चुके हैं। लेकिन मैं आज भी गोलगप्पे से नफरत करती हूँ और मैंने उसे खाना ही छोड़ दिया है। मेरा आत्मविश्वास तोड़ने के लिए मैं आपको माफ नहीं कर सकती।

भवदीय
आपकी अकेली पड़ गई विद्यार्थी
जिया

39

क्या आपके बच्चे नहीं हैं?

माननीया आचार्या लीला बहन,

माननीय लिखने का भी मन नहीं होता परन्तु जब पत्र लिखते हैं तब लिखना पड़ता है। मैं कक्षा नौं में पढ़ती थी उस समय आपने मेरे साथ जो व्यवहार किया था उसके कारण मुझे आज तक दुःख हो रहा है।

एक निबन्ध प्रतियोगिता में मेरा दूसरा नम्बर आया था। उसमें मुझे ईनाम के रूप में ट्रॉफी और स्पीकर मिला था। दूसरे विद्यार्थियों को भी ईनाम के तौर पर ट्रॉफी और कैमरा मिला था। हम लोग जब आपके पास आए तो आपने हमसे पूछा कि, "ट्रॉफी दोगे या स्पीकर या कैमरा?" तब मुझे ठेस लगी। मुझे विचार आया कि मैं अपना ईनाम क्यों दे दूँ? एक दिन हमने सोच-विचारकर कहा कि वस्तुएँ देने के लिए तैयार हैं लेकिन ट्रॉफी हम अपने पास ही रखेंगे। तब आपने शान्तिपूर्वक कहा था कि ठीक है आपकी इच्छा। मगर मुझे कहाँ मालूम था कि इतनी-सी बात में आप मेरा विकास रोक देंगी।

कुछ दिनों बाद 26 जनवरी थी और अध्यापक पूछने आए थे कि उस दिन भाषण स्पर्धा में कौन भाग लेगा? तब मैंने तुरन्त ही

उँगली उठाई और आपने मेरे लिए कह दिया कि, "पूजा को किसी भी प्रतियोगिता में हिस्सा नहीं लेना है।" इन सब परिस्थितियों के कारण अध्यापक भी मुझे टॉर्चर करने लगे। हर शिक्षक यही कहता, "पूजा तू बिगड़ गई है। तुझमें संस्कार नहीं है। तुम्हारा रिजल्ट बिगड़ेगा। तुम किसी काम की नहीं हो।" लेकिन मैंने ऐसा सोचा कि चलो कोई बात नहीं मेरा समय बचेगा और रिजल्ट अच्छा ही आएगा। जब आपने मुझे ऐसा कहा कि मुझे किसी भी प्रतियोगिता में भाग नहीं लेना है तब मुझे बहुत ही दुःख हुआ। पर उस परिस्थिति में मैं हिम्मत नहीं हारी। मैं किसी को भी निबन्ध लिखने में मदद करती जिससे मैं अपने विचारों को लोगों के सामने रख सकूँ। परन्तु आपको कहीं से मालूम हो गया कि एक विद्यार्थी का निबन्ध मैंने तैयार करवाया है, तो आपने उसका निबन्ध भेजा ही नहीं। तब मुझे बहुत ही दुःख हुआ और आज तक आपको सम्मान देने का मन नहीं होता।

हमारे माता-पिता आप पर विश्वास करके रख गए थे कि हमारी बेटी का विकास करेंगी। पर आप मेरी प्रतिभाओं के विकास को रोकने में कहीं भी नहीं चूकीं। दो साल तक मैं चुप रही। मैं अपने माता-पिता, किसी को भी कुछ भी, न कह सकी। जब भी बात निकलती तब यह बता दिया जाता कि सारा दोष मेरा ही था। जब भी उस समय को याद करती हूँ तब रो पड़ती हूँ। आप तो अपने-आप को आदर्श शिक्षिका मानती हैं फिर भी आप एक बच्चे को नहीं समझ सकीं? आप ऐसी कैसी शिक्षिका हो जो बच्चों का विकास अवरुद्ध करती हो? आप शिक्षिका कहलाने के लायक नहीं हो। आप भले ही आज मुझे जो काम होता है देती हो, मुझे सभी प्रतियोगिताओं में भाग लेने देती हो; परन्तु मेरे उन दो वर्षों का क्या? मैं आपके साथ ऐसा करूँ तो? आप शिक्षक के नाम पर कलंक हैं। मैं आपसे बहुत ही नफरत

करती हूँ। आपने अपने स्वार्थ के लिए मेरी जिन्दगी खराब की है। आज मुझे यह पूछने का मन करता है कि आप मेरे साथ ऐसा क्यों कर रही थी? क्या आपके बच्चे नहीं हैं?

भवदीय
आपसे नफरत करनेवाली विद्यार्थी
पूजा

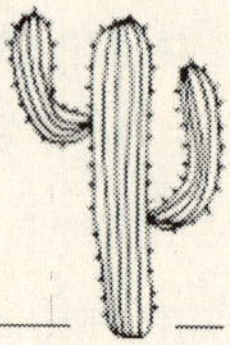

40

क्या आपको सिर्फ पैसा ही प्यारा है?

माननीय शिक्षक श्री एस.के. सर,

मैं जब कक्षा नौ में पढ़ती थी तब आप हमें संस्कृत पढ़ाते थे। मेरे विद्यालय से बहुत से विद्यार्थी और मेरी बहन भी आपकी ट्यूशन क्लासेस में आती थी इसलिए मैं भी आपके क्लासेस में आती थी।

जब मैं पहले दिन आई तब मुझे बिलकुल भी पता न था कि आप ऐसे निकलेंगे। कुछ वक्त बाद आपने तुलना करने की शुरुआत की। दूसरा सत्र आरम्भ हुआ और आपने क्लासेस का समय बदला। उससे सभी को बहुत ही कठिनाई होती थी, फिर भी सभी ने चुपचाप स्वीकार कर लिया। एक बार एक नई लड़की आई तब आपने हमारे क्लासेस का समय बदल दिया; किसलिए? पैसों के लिए? क्योंकि वह लड़की अधिक फीस भरती थी। लेकिन जब मैंने आपसे कहा कि उस लड़की का जो समय रखा है वही समय हमारा भी रखो तो अनुकूल रहेगा। तब आपने कहा कि वह इतने पैसे भरती है, तुम इतने पैसे दोगी? ऐसे कई तरह से आपने मेरा अपमान किया। मुझसे बात-बात में कहा करते थे कि तू अपने पापा को मुझसे मिलवाना। क्लास छूटने के बाद बाहर मैं अपने पापा के साथ खड़ी थी। वे भी थककर आए थे तब आपने उन्हें मिलने बुलाया। लेकिन घर जाना आवश्यक था और देरी हो रही थी।

इसलिए मैंने आपसे कहा कि कल आकर मिल जाएँगे। फिर भी आप मेरे पीछे आए। उस समय आपने मेरे पिता को जो शब्द सुनाए उसे मैं आज तक नहीं भूल सकी। आपने बहुत घटिया तरीके से बात की थी और कहा था "अपनी लड़कियों को मत भेजना।" उस समय मैं घर जाकर बहुत रोई थी। क्या इस तरह से कभी किसी अभिभावक से बात की जाती है? और क्या पैसा ही आपको सबसे ज्यादा प्यारा है? आप गुरु या आदरणीय कहे जाने के लायक नहीं हैं।

इस घटना के बाद मेरे माता-पिता ने क्लासेस जाने से मना कर दिया था। और कुछ दिन बाद आपने फोन करके कहा कि आपकी बेटी को वापस भेजो क्योंकि आपको अच्छे विद्यार्थी की जरूरत थी ताकि धन्धा-रोजगार ठीक से चले। मेरे खयाल से आपको पैसा ज्यादा अच्छा लगता है, मनुष्य नहीं। मैं यह नहीं समझ पाती कि आप ज्ञान बाँटने निकले हो या व्यापार करने? यदि शिक्षकगण ही ऐसा करेंगे तो भावी पीढ़ी और उसके भविष्य का क्या होगा? जिन अभिभावकों ने विश्वास करके अपने बच्चों को पढ़ने भेजा है उनके विश्वास के साथ ऐसा करना क्या उचित है?

भवदीय
आपकी गरीब विद्यार्थी
मीनल

41

पट्टे से मारने में जरा भी दया न आई

पूज्य साहब जी,

मैं आपको सादर प्रणाम करता हूँ। मुझे विश्वास था कि आपके द्वारा किया गया न्याय कभी गलत नहीं होता। आपका न्याय मैं भगवान का आदेश मानता था। लेकिन जब मैं आठवीं कक्षा में आदर्श गुरुकुल, करजन में पढ़ता था तब आपका न्याय मेरे लिए जहर समान हो गया था।

अपनी भूल के कारण मुझे खेलने के समय पढ़ाई करनी थी और आपका साला भी इसी स्कूल में पढ़ता था। वह बहुत ही शरारती था। मैंने उसे कई बार कहा भी था कि उसकी ऐसी शरारत मैं सहन नहीं करूँगा। उस समय, जब मैं पढ़ रहा था तब वह आया और सिर पर चपत मारकर चला गया। तब भी मैंने उसे चेतावनी दी थी, वह बारम्बार मुझे परेशान किया करता था। वह रोता-रोता आपके पास आया और साथ में और भी बातें जोड़कर आपसे कहा कि मैं उसे परेशान करता हूँ, उसके साथ धोखा करता हूँ। आपने मेरी एक भी बात सुने बिना ही उसकी बात को सच मान लिया और चमड़े के पट्टे से मुझे पैरों पर बीस-बाइस बार खूब जोर से मारा। इसके कारण मेरा पैर काला हो गया और तीन-चार दिन तक दवाखाने में ड्रेसिंग

करवानी पड़ी। आप तो पीटकर चले गए पर मुझ पर क्या बीती होगी उस बारे में क्या आपने कभी सोचा?

अब मेरा मन पढ़ाई में भी नहीं लगता था। मेरी मनोदशा बहुत ही बिगड़ चुकी थी। एक पल तो मुझे हॉस्टल से भाग जाने का विचार आया था लेकिन आर्थिक रूप से कमजोर पिताजी की चिन्ता होने से यह विचार छोड़ दिया। कुछ दिनों तक मैं किसी के साथ बात भी नहीं करता था। मुझे लगता था कि मेरी यह जिन्दगी बहुत खराब हो गई है।

जब मेरा जन्मदिन होता तब हमें चॉकलेट का एक ही पैकेट मिलता और आप अपने प्रिय विद्यार्थियों को पैसा देकर फाइव स्टार लेने बाहर भेजते जबकि हमें दवाई लेने जाने के लिए भी बाहर जाने की अनुमति नहीं देते। यह भला आपका कैसा न्याय है?

भवदीय
आपका अप्रिय, बुरा और ठूँठ विद्यार्थी
जैमिन

42

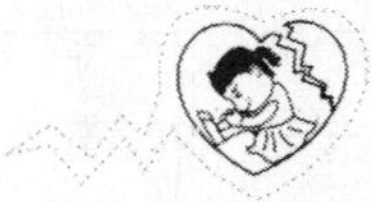

अपशब्द शिक्षक को शोभा देते हैं क्या?

आदरणीय शिक्षक महोदय,

सादर प्रणाम,

मैं गर्ल्स हाईस्कूल में आपके पास कक्षा नौ और दस में पढ़ चुकी हूँ। मेरा नाम हेमा है। मेरे साथ आपने जैसा व्यवहार किया है उसके बारे में आपने कभी सोचा है या नहीं, इस सन्दर्भ में आपको मैं पत्र लिख रही हूँ।

पंकज सर, आप मेरे पीरियड में आते तब क्लास में आकर गुस्सा होकर बैठकर फोन पर लगे रहते हो। क्या आप शिक्षक के रूप में अपनी जिम्मेदारी नहीं समझते? जब मैं क्लास में किसी से कोई पुस्तक माँगू तो आप क्लास से बाहर निकालकर उठक-बैठक करवाते हो। यदि हम कुछ भी बोलने का प्रयत्न करते हैं तो आप हमें बुद्धिहीन, मूर्ख, पागल जैसे शब्दों से अपमानित करते हो।

एक बार जब मेरी तबीयत खराब थी तब मैं अपना गृहकार्य न कर सकी थी। उस बारे में कुछ कहूँ उससे पहले ही आपने मुझे दो घंटे मैदान में खड़े रहने और मैदान के चक्कर लगाने की सजा दे दी। उसके कारण मेरी तबीयत और अधिक खराब हो गई और मैं पन्द्रह

दिन तक स्कूल में ही न आ सकी। क्लास में दूसरे क्रम पर आनेवाली इस विद्यार्थी के मात्र पास होने भर मार्क्स आए। मार्क्स कम आए तब भी मुझे गालियाँ देकर अपमानित किया।

मेरी कभी एक-दो छुट्टी हो जाए तो आप मेरी एक भी बात सुने बिना ही मेरे माता-पिता को मिलने बुला लेते। मेरे माता-पिता के पास इतना समय नहीं होता था कि वे मेरी पढ़ाई में कोई मदद कर सकें। लेकिन आप कभी भी इसके बारे में समझ नहीं सके। आप शिक्षक के रूप में अपनी जिम्मेदारी समझते क्यों नहीं? आपको शर्म नहीं आती, एक शिक्षक होकर मेरे साथ ऐसा व्यवहार करते हो? ऐसे अपशब्द क्या एक शिक्षक को शोभा देते हैं? अगर गृहकार्य न हुआ हो तो आप धूप में दौड़ाते हो। आपने कभी ऐसा सोचा कि मेरा गृहकार्य क्यों बाकी रह जाता है? यदि आपके बेटे या बेटी का गृहकार्य न हुआ हो और धूप में दौड़ाया जाए तो? शिक्षक के रूप में आपने क्या जिम्मेदारी निभाई? आप जैसे शिक्षकों को तो रखना ही नहीं चाहिए जिससे दूसरे विद्यार्थियों को इस तरह का दुःख सहन करना ही न पड़े। आपको इन बातों से ठेस पहुँची हो तो माफ करना लेकिन मैं आपको कभी भी माफ नहीं कर सकूँगी।

भवदीय

आपकी बुद्धिहीन, बेवकूफ विद्यार्थी

हेमा

43

कान के कच्चे शिक्षक

आदरणीय शिक्षक महोदय,

मेरा नाम दिव्या है। मैं बारहवीं कक्षा में पढ़ती थी और आप पी.टी. विषय के शिक्षक थे। आप मेरे सबसे प्रिय शिक्षक थे। खेल महाकुम्भ की प्रतियोगिता में रस्सा खींच और सॉफ्टबॉल के खेल में मैंने अपना नाम लिखवाया था। लेकिन जब चयन हो रहा था तब मेरी तबीयत अच्छी न होने से मैं नहीं आ सकी। मुझे विश्वास था कि आप मुझे समझोगे। लेकिन विद्यालय पहुँचकर आपसे मिलने आई तब आपने मुझे पूरे स्टाफ के सामने नीचा दिखाया और कहा तुम्हारे जैसी लड़की कुछ भी नहीं कर सकती। मुझे तेरी कोई बात ही नहीं सुननी और यहाँ से निकल जा। आपने मुझे ऐसा कहा, परन्तु मैं प्रतियोगिता में फिर से अपना नाम लिखवाने नहीं आई थी। मैं तो सिर्फ पन्द्रह अगस्त की तैयारी के लिए मिलने आई थी, और मुझे उस बारे में बात करनी थी। यह आपके लिए छोटी घटना होगी किन्तु मेरे लिए अत्यन्त महत्त्वपूर्ण अवसर था जो आपके कारण मैं चूक गई। इससे अत्यन्त अच्छा अवसर मुझसे छिन गया और मैं सभी शिक्षकों की नजर में गिर गई। वे भी सोचने लगे कि यह लड़की कितनी खराब है। इसके साथ ही विद्यालय के वे सभी विद्यार्थी जिन्हें पता था कि मैं स्पोर्ट्स में होती ही हूँ, वे भी चिढ़ाने लगे कि मैंने

कैसे कांड किये हैं! वे ऐसा कहने लगे कि मैं जीवन में कुछ नहीं कर सकती। आपको उस समय जाह्नवी की बात न सुनकर मेरी बात सुननी चाहिए थी। मेरी बारहवीं कक्षा का पूरा वर्ष बहुत खराब बीता।

सर आपने ऐसा क्यों किया? मैं विद्यालय में सबसे ज्यादा आप पर भरोसा करती थी। मुझे लगता था कि आप मुझे अच्छी तरह से समझते हैं, लेकिन एक लड़की की बात सुनकर आपने मुझसे इतना बड़ा अवसर छीन लिया, इससे सभी शिक्षकों पर से मेरा भरोसा उठ गया और मुझे उन सभी से नफरत होने लगी। जो दिव्या विद्यालय में आने के लिए उत्सुक रहती थी उसे अब विद्यालय आना बिलकुल अच्छा नहीं लगता था। सर, आप ऐसा कैसे कर सकते हैं? मुझे मालूम नहीं था कि आप इतने नैरो माइंडेड होंगे और दूसरों की बात मानकर बिना सोचे व्यवहार करते होंगे।

आशा करती हूँ कि भविष्य में आप कुछ भी बोलने से पहले सोचेंगे क्योंकि आपके गलत शब्दों से शायद किसी दूसरी दिव्या का जीवन भी खराब हो न जाए।

भवदीय
आपकी निकम्मी विद्यार्थी
दिव्या

44

शिक्षक जब तानों के हथौड़े मारे

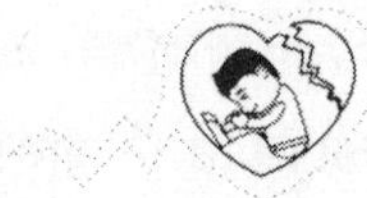

ए. शीला बहन,

मैं आपके विद्यालय में हाँ, आपके ही विद्यालय में दसवीं कक्षा में पढ़ता था, वह लड़का बोल रहा हूँ। आप अच्छी तरह मुझे पहचानती थीं क्योंकि मैं बारह वर्ष तक उस विद्यालय में पढ़ा था। सभी विद्यार्थियों के साथ आपके अच्छे सम्बन्ध थे और विशेषतया मेरे साथ; क्योंकि आपको भी मालूम होगा कि इतने वर्षों के दौरान मेरे पचासी प्रतिशत से अधिक अंक आते रहे यानी कि मैं टॉपर था।

ब्लैक बोर्ड की जगह स्मार्ट बोर्ड भी लग चुके थे परन्तु मेरे प्रति आपका व्यवहार बहुत ही अच्छा और पहले जैसा ही था। लेकिन मुझे क्या मालूम था कि वह सम्बन्ध कच्चे घड़े जैसा, मात्र एक ही निर्णय से टूट जाएगा।

मैं दसवीं कक्षा में ही सावधान हो गया था और अपने जीवन का ध्येय तय कर लिया था कि मुझे व्यापार और मार्केटिंग लाइन में नाम कमाना है—मुझमें ऐसी समझ थी। ग्यारहवीं और बारहवीं कक्षा उस विद्यालय में पढ़कर और कॉलेज जाकर पढ़ने के बजाय मेरे पास दूसरा रास्ता था; वह उनकी तुलना में कठिन था, मैं यह मानता हूँ किन्तु सफल मार्ग था। अतः मैंने वही रास्ता चुना। दसवीं कक्षा पढ़कर बारहवीं कक्षा

मैंने एक्सटर्नल (home schooling) करना तय किया। दसवीं का रिजल्ट लेने भी मैं विद्यालय नहीं आ सका। मैं किसी कारण शहर से बाहर था, इससे आपसे बातचीत नहीं हो सकी और बाद में मैंने विद्यालय आना ही छोड़ दिया था।

लम्बा समय बीत जाने के बाद यानी दो से चार महीने बाद मेरी इच्छा थी कि मैं ओएसिस मूवमेंट की मिसाल प्रतियोगिता के लिए आपके विद्यालय में विद्यार्थियों को विषय की जानकारी देने आऊँ। इसलिए मैं आपसे मिलने और प्रतियोगिता के बारे में बताने एवं अनुमति लेने विद्यालय आया था। तब मैं स्वयं को सबसे अलग फील कर रहा था क्योंकि मेरे सभी मित्र वहाँ ग्यारहवीं कक्षा में पढ़ रहे थे और मैं ऐसे कार्य के लिए आ रहा था। तब तो मुझे ऐसा लग रहा था कि आपसे मिलूँगा, अपने पुराने शिक्षकों से मिलूँगा, वे मुझसे पूछेंगे कि तुम्हारे भविष्य का प्लान क्या है? तेरे विचार तो कुछ अलग ही हैं! मुझे लगता था, सभी मुझे मेरे भविष्य के बारे में प्रोत्साहित करेंगे। मैंने जैसे ही विद्यालय में प्रवेश किया तभी दसवीं कक्षा के विज्ञान के सर मिले। मैं तो अचम्भित रह गया कि सर ने मेरी ओर ध्यान से देखा भी नहीं और चले गए। मैंने सोचा कि काम में व्यस्त होंगे। फिर आपके केबिन में आया तब आपने स्वागत किया और कटाक्ष में कहा कि "आइए, आइए साहब!" फिर आप कुछ भी जाने बिना सामने से कहने लगे कि तेरा यह निर्णय बड़ा गलत है। आगे चलकर तू क्या करेगा? पढ़ न मूरख! होम स्कूलिंग में रिजल्ट की वैल्यू कम हो जाती है। तब मैंने आपको इसका उत्तर भी दिया था और फिर आपने मिसाल प्रतियोगिता के लिए भी अनुमति दे दी थी। लेकिन उस दिन मुझे ऐसा नहीं लगा कि यह मेरा विद्यालय है, मैं वहाँ हूँ। मेरे साथ आपकी ओर से ऐसा व्यवहार किया जाता था मानो मैं कोई अपरिचित लड़का हूँ।

दूसरे दिन जब मैं उस प्रतियोगिता के बारे में जानकारी देने प्रत्येक क्लास में गया तो मैं बहुत निराश हुआ—प्रतियोगिता की वजह से नहीं

परन्तु पहचाननेवाले और परिचित शिक्षकों में से एक ने भी क्लास में एक बार भी मेरी ओर ध्यान से देखा तक नहीं और मेरी उपेक्षा करते रहे। लेकिन मैं अपना काम करके वहाँ से निकल गया और दो दिन बाद जब मैं फॉर्म लेने गया तब आपने मुझे सबके सामने यह कहा था कि, "हाँ, तुझे तो विवेकभाई ने लीडर बना दिया है। हमारी बात अब क्यों सुने? हम तो आलतू-फालतू।" इतना कह कर आप चले गए किन्तु मैंने कोई प्रत्युत्तर नहीं दिया। उसी दिन मैं एक क्लास में था और थोड़ी आवाज हो रही थी तो आपने सबके सामने कहा "पूरा स्कूल सिर पर उठा रखा है।" बाद में, जब दूसरी बार प्रतियोगिता में शामिल विद्यार्थियों में से विजेताओं की सूची घोषित करने गया था तब मैं विद्यालय के ट्रस्टी के साथ बातचीत कर रहा था। तो आप आए और ट्रस्टी को वहाँ से ले गए और फिर ऐसा भी कहा कि "आजकल के लड़के भी हमें सिखाते हैं।" और तब सभी शिक्षकों ने तो हद पार कर दी। उस समय सभी शिक्षक साथ थे। सभी ने मुझे बहुत कुछ खरी-खोटी सुनाई, ताने मारे। एक ने तो यह भी कह दिया, "तू डूब मर।" जो विद्यार्थी विजेता हुए थे उनके और आपके साथ जब फोटो खींचना था उस समय भी मेरे आपके सामने खड़ा होने के बावजूद आप इधर-उधर देख रहे थे। और अन्ततः सबके बीच में मुझसे कहा "चल हो गया तेरा काम अब।" तब सभी विजेता भी मुझ पर हँस रहे थे। और फिर मैं तुरन्त ही घर आ गया।

मैडम, ये सब मेरे साथ हुआ तो मुझे अन्दर से बहुत खराब फील होने लगा और उस रात तो मैं रोया भी था क्योंकि मुझे ऐसा लग रहा था कि मैं अपराधी हूँ और मुझे सजा मिल रही है। आपके विद्यालय में मुझे कभी भी मारा नहीं गया था परन्तु होम स्कूलिंग करने के बाद जब मैं विद्यालय आया और यह सब अनुभव किया तो ऐसा लगा कि आप सब शिक्षक ताना नहीं बल्कि सिर पर हथौड़ा मार रहे हो। विद्यालय में मेरी अच्छी छाप थी, बहुत-सी प्रतियोगिताओं में विद्यालय का नाम रोशन किया

था और आज जब मैंने अपनी लाइफ के लिए एक निर्णय लिया और विद्यालय छोड़ा तो आप सभी मेरे दुश्मन हो गए! यह कहाँ का न्याय हुआ?

ऐसी तमाम घटनाओं के कारण मैं इतना डिप्रेस हो गया था कि एक बार तिजोरी पर सिर दे मारा और मेरा आत्मविश्वास तहस-नहस हो गया। मानो जीवन से रस खत्म हो गया हो। हमेशा आपने और जिन शिक्षकों ने मुझ पर कमेंट किये थे, वही याद आया करता। सिर तो इतना भारी हो जाता कि कभी तो आँखों से आँसू भी निकल जाते। लेकिन शीला बहन और आपके विद्यालय के शिक्षको! यह याद रखिएगा कि यह कौशिक अपनी योग्यता और सच्चे ज्ञान से आगे बढ़ेगा न कि आप जैसे शिक्षकों द्वारा या परीक्षा के परिणाम से।

मैं तो मात्र आपसे पूछना चाहता हूँ कि आपने जो किया वह उचित था? मैंने तो आपके विद्यालय का नाम रोशन किया और अब विद्यालय छोड़ा तो क्या वह सब पानी में? आपका अपने विद्यार्थी के प्रति व्यवहार क्या उचित था? बच्चे का मनोबल, आत्मविश्वास कम करने से आपको क्या मिला? क्या आपकी शिक्षा और ज्ञान यह सब सिखाता है? मैं तो सभी माता-पिता से भी यह पूछना चाहूँगा कि क्या आपको अपने बच्चे के स्कूल टीचर और प्रिंसिपल का व्यवहार मालूम है? क्या सब में बच्चों की ही भूल होती है? शिक्षक ही ऐसे हों तो बच्चे कैसे तैयार होंगे? मुझे तो इसकी भी चिन्ता होती है कि ऐसे शिक्षकों से ज्ञान ग्रहण करके बच्चे अपने माता-पिता के साथ भी ऐसा करना न शुरू कर दें।

भवदीय

आपका अवज्ञाकारी विद्यार्थी

कौशिक

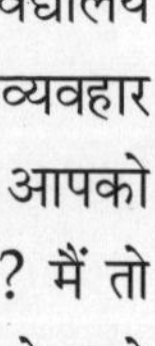

45

मौत आपके पीछे दौड़े

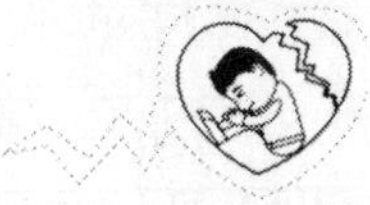

श्रीमती लीला बहन,

मैं आपको बहन कह कर इसलिए सम्बोधित कर रहा हूँ क्योंकि उम्र में आप मुझसे बड़ी हैं और मेरे संस्कार मुझे आप जैसे कार्य करने की छूट नहीं देते क्योंकि आपने जो काम किया है वह सुनकर समूचा शिक्षक समाज एक-दूसरे से आँखें मिलाने के लायक नहीं रहेगा। तो आइए, मैं आपको याद दिला दूँ कि आपने क्या किया है?

लगभग ढाई साल पहले मेरा मित्र एडमिशन के लिए आपके पास आया था और आपने उससे तीस हजार की रिश्वत माँगी। उसकी परिस्थिति अच्छी न होने से उसने मना कर दिया तो आप सहन न कर सकीं। इसलिए उसे बेइज्जत करके पूरा स्कूल के सामने डंडे मार-मार कर सिक्युरिटी द्वारा घसीटकर बाहर कर दिया।

आपको उस पर जरा भी दया न आई। वह लड़का बारहवीं साइंस का रेंकर था और डॉक्टर बननेवाला था। मैंने आपका बड़ा नाम सुना था लेकिन बाद में मालूम हुआ कि जिसे मैं भगवान मानता था वह वेश बदला हुआ राक्षस था। मैं एकान्त में बहुत रोया क्योंकि वह मेरा, भाई से भी अच्छा मित्र था जो अब इस दुनिया को छोड़कर हमारे दिल में बैठा है। यह दिल भी उसे बहुत याद करता है। मैं अभी भी यही सोचता

हूँ कि किसी ने आपको सही राह दिखाई या नहीं? और आपको किसी ने इस बात का अहसास कराने की कोशिश की है या नहीं? मुझे लगता है कि क्या आपने इस बात का प्रायश्चित करने का प्रयास किया होगा?

यह बात जानने के बाद शिक्षकों के प्रति मेरा प्रेम नफरत में बदल गया। आपमें मानवता नाम की कोई चीज ही नहीं है। क्या आप के अनुसार किसी की जान से अधिक महत्त्वपूर्ण पैसा है? क्या तीस हजार में आपकी पूरी जिन्दगी बीत जाती? नहीं न? यदि नहीं माँगा होता तो उसकी जान बच सकी होती। पैसों का यह लालच कभी आपको ही खा जाएगा। क्या आप अपने बेटे की मृत्यु का गम सहने के लिए सक्षम हैं? आपको अपने बेटे के प्रति प्रेम नहीं? और यदि नहीं हैं तो यह जरूरी नहीं है कि दूसरों को भी न हो। मैं तो यही सोचता हूँ कि कोई व्यक्ति पैसों के लिए इतना निर्दयी कैसे हो सकता है? एक मासूम की जान पैसों से ज्यादा सस्ती है? आप में अक्ल जैसी कोई चीज है या नहीं? आप में अक्ल होती तो आप ऐसा निर्लज्ज कदम न उठातीं।

मैं आपके लिए एक बात कहना चाहूँगा कि "आप जैसे लोग पैसों के पीछे भागे और मौत उनके पीछे भागे।"

भवदीय
आपसे नफरत करनेवाला विद्यार्थी
पृथ्वी

46

द्विअर्थी बातें—शिक्षक द्वारा?

आदरणीय परेश सर,

मैं गत वर्ष नौंवी कक्षा में पढ़ता था और आप मेरे गणित शिक्षक थे।

मैं पढ़ रहा था तब आप हमें गालियाँ बोलते थे और हमारे साथ द्विअर्थी भाषा में बात करते थे। मैं शरारत करता तो पूरी क्लास के सामने कहते कि, "तेरे दो बाप हैं, इसकी मम्मी कौन है, इसे मालूम नहीं।" जब प्रजननतंत्र जैसा पाठ आता तो आप हमसे सेक्स के बारे में बातें करते, "मैं सेक्स करता हूँ, तुम्हें करना है?" सभी लड़कियों के सामने भी मुझे ऐसा कहते। कोई दो लड़के मस्ती करते तो आप कहते "इन दोनों के बीच सजातीय सम्बन्ध है।" और कोई लड़का किसी लड़की से बात करता हो तो आप कहते "इन दोनों के बीच कुछ चल रहा है।" ऐसा कहकर आप पूरी क्लास के बीच हमारा मजाक उड़ाते। एक बार जब मैं मस्ती कर रहा था तो आपने कहा था "यह तो विजातीय नहीं सजातीय सम्बन्धवाला है।" आपसे कोई सवाल पूछता तो आप कहते कि "अपने बाप से सीख लेना।" और यदि कोई लड़की सवाल पूछती तो आप उसके सामने देखा करते। एक दिन एक लड़की का गाल पकड़कर आपने कहा "यह तेरी गर्लफ्रेंड है।" आप ऐसा कहकर मेरा मजाक उड़ाते और मुझे बदनाम करते थे।

आपके ट्यूशन में जो आता था, उसे अधिक मार्क्स देते थे और दूसरों को कम देते थे। मैं होशियार था फिर भी मुझे कम मार्क्स दिये और ट्यूशन वाले सामान्य लड़के को पहला नम्बर दे दिया।

आप सभी लड़के-लड़कियों से सेक्स की बातें करते हो और उन्हें गलत राह दिखाते हो। सब ट्यूशन में आएँ और पैसा दें, आपको सिर्फ इसमें ही रुचि थी। किसी बच्चे में क्या गुण हैं यह जानने में नहीं। आपको सिर्फ पैसा कमाने में ही रुचि थी। पढ़ाते-पढ़ाते आप गालियाँ बोलते हो तब आप यह नहीं सोचते कि दूसरों को कैसा लगता है? इसके अलावा अपनी जाति ऊँची और दूसरों की नीची बताकर आप क्लास में भेदभाव खड़ा कर रहे थे। आपके कारण कई विद्यार्थी भटक गए और सभी पढ़ने के बजाय एंटरटेनमेंट के लिए आते हैं। आपको यदि शेयर बाजार में नुकसान हो और घर में झगड़ा हो तो सब गुस्सा आप हम पर उतारते हो।

विद्यालय में ऐसी बातें करते हुए आपको शर्म नहीं आती? आपके ऐसे व्यवहार के कारण मेरे मन में धिक्कार की भावना आती है। यह पत्र पढ़कर आपमें सुधार हो इसलिए मैं लिख रहा हूँ। शिक्षा जैसी पवित्र भूमि में भी यह सब होना अत्यन्त शर्मनाक लगता है। मैं आपकी सभी भूलों को नहीं गिना रहा। मैं चाहता हूँ कि भावी पीढ़ी को अच्छी शिक्षा मिले।

भवदीय
आपसे पीड़ित विद्यार्थी
विमल

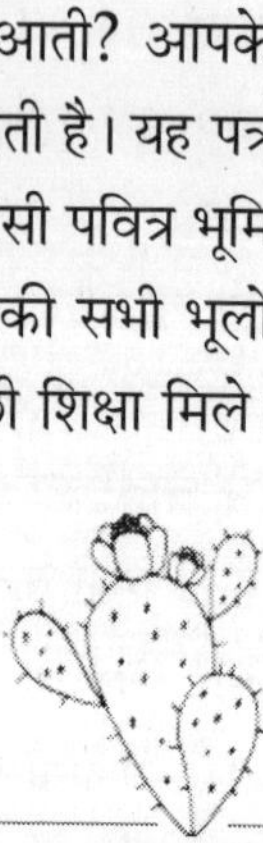

47

आपके नाम से ही नफरत है

आदरणीया सावित्री मैम,

नमस्कार! कक्षा चार में आपके पास पढ़नेवाली मैं, एक विद्यार्थी आज अपना एक अनुभव कहना चाहूँगी।

सावित्री मैडम का नाम जैसे ही सुनाई देता हम सभी अपने काम में लग जाते। आपके नाम से हर विद्यार्थी परिचित था। कक्षा चार में जब आप हमारी क्लास टीचर बनीं तब मुझे लगा कि आप बिलकुल भी गुस्सा करनेवाली या कड़े नियम बनानेवाली व्यक्ति नहीं हैं। विद्यालय के प्रत्येक कार्यक्रम में आपका बहुत बड़ा योगदान रहता। चित्र, क्राफ्ट और गायन-वादन भी आप प्रत्येक को बहुत अच्छा सिखाती थीं, इससे मुझे बहुत मजा आता। क्लास में या क्लास के बाहर आप जब भी मुझे थोड़ा काम देतीं तो मुझे बहुत ही अच्छा लगता। लेकिन मेरी खुशी और उल्लास मात्र छह महीने ही जीवित रहे।

छुट्टियों के बाद सत्र की शुरुआत में विद्यालय परिवार ने नियम बनाया कि अभिभावक का हस्ताक्षर नियमित रूप से करवाया जाए। बीमारी के कारण मैं मात्र तीन-चार दिन ही हस्ताक्षर न करवा सकी। मेरी प्रिय शिक्षिका होने के कारण मुझे आशा थी कि हस्ताक्षर करवाने के लिए आप मुझे एक दिन का समय देंगी लेकिन आपने तो मेरी

बात ही नहीं सुनी। क्लास में बनाये गए मॉनिटर ने आपको मेरी डायरी बताई। आपके कहे अनुसार मैंने हस्ताक्षर करवाए थे फिर भी आपने उसे देखा ही नहीं। यह तो ठीक है लेकिन पूरी क्लास के बीच मुझे चार-पाँच थप्पड़ गाल पर जड़ दिए। गालियों का फौव्वारा बरसा दिया और मुझ पर बहुत ही गुस्सा हुईं। मैंने आपसे अपनी बात कहने और डायरी दिखाने का प्रयास भी किया लेकिन आपने फिर मुझे तमाचे मार कर क्लास के बाहर निकाल दिया। आचार्य महोदय को दिखा देने के बाद भी आपने मेरी डायरी चेक नहीं की। मैं फिर आपके पास आई लेकिन आपने पूरी क्लास के सामने मेरा अपमान किया। उस समय सभी मित्र मुझ पर हँसते थे। मैं लज्जित हुई और मुझे आप पर बहुत गुस्सा आ रहा था। मैं बोल सकती थी लेकिन सस्पेंड हो जाने का डर था। तब मुझे लग रहा था कि मैं सही हूँ। और काम पूरा किया होने के बावजूद मुझे आपसे अपमान क्यों सहन करना पड़ेगा? मेरे माता-पिता को बुलाओगी इस डर से चुप रही। छह महीने पहले का प्यार नफरत में बदल गया। सच्ची होने के बावजूद आपने अन्त तक मेरी डायरी चेक तो नहीं ही की।

जब आप मुझे अपशब्द बोल रही थीं तब मुझे बहुत ही शर्म आ रही थी। मेरे सभी मित्रों के सामने मेरी कमी निकालकर आपको क्या मिला? आज आपके नाम से मुझे नफरत हो गई है।

कई बार वह बात सोचकर मुझे ऐसा लगता है कि दोषी न होने के बावजूद कई बार विद्यार्थी को गलत क्यों साबित होना पड़े? कोई विद्यार्थी अच्छा हो तो वह अपनी बात क्यों नहीं कह सकता? बिना किसी कारण विद्यार्थियों को मार क्यों सहनी पड़े? क्या शिक्षकों को मारने का अधिकार है?

इस अनुभव के बाद मुझे लगा कि आप जैसे खराब शिक्षकों की नियुक्ति सरकार को करनी ही नहीं चाहिए। जब आप मेरा अपमान कर

रही थीं तब मैंने सोच लिया था कि यदि हम निर्दोष हों तो आप जैसे दुष्ट और निकम्मे व्यक्तियों के सामने जोर से आवाज उठानी ही चाहिए और अन्याय नहीं सहन करना चाहिए।

भवदीय
आपके सामने बोलनेवाली विद्यार्थी
तन्वी

मानव मात्र भूल के पात्र...

....

दुष्कृत्य के आचरण का आयोजन आप अकेले ही करते हो, अनिष्ट करने की योजना आप अकेले ही बनाते हो; और आप अकेले ही दुष्कर्म से बच सकते हो और अपने विचारों को शुद्ध कर सकते हो। आपका अन्त:करण ही आपको नरक में धकेलेगा और आपका अन्त:करण ही आपको उससे बचा सकेगा।

....

कोई व्यक्ति निष्पाप नहीं है; कोई भी व्यक्ति सम्पूर्ण सत्यनिष्ठ नहीं है, ऐसा नहीं है कि एक व्यक्ति सदाचारी और सत्यनिष्ठ है और दूसरा व्यक्ति पापी और कपटी है, वास्तव में ऐसा है कि एक व्यक्ति सत्य तथा सदाचार की ओर प्रगति करने की कोशिश करता है, और दूसरा नहीं करता।

....

हिंसा द्वारा लोगों को दबाकर वश में करने में कभी भी न्याय नहीं है। सजा हमेशा क्रूर होती है, सदैव पीड़ादायक होती है।

....

हमें यह याद रखना चाहिए कि सजा करने की इच्छा अत्यन्त नीच प्राणिवृत्ति का एक भाग है, जिन्हें हमें संयमित करना चाहिए और हमारी वास्तविकता का वे हिस्सा नहीं होनी चाहिए।

....

हमारे वचनों से जो नुकसान होता है वह कभी दृश्य होता है, कभी नहीं भी होता। परन्तु, हमारे शब्दों से जो लोग दुखी होते हैं उन्हें हम देख नहीं सकते, इसका अर्थ यह नहीं कि वह नुकसान छोटा है। बन्दूक की गोली का घाव भर सकता है, परन्तु जीभ से लगा घाव कभी नहीं भरता।

—'सदियों का सयानापन', ओएसिस प्रकाशन

उपसंहार

बेटा, मुझे माफ कर दे

अन्त में, थोड़ा शिक्षकों के पक्ष में

इस विषय में कोई शंका नहीं है कि शिक्षकों का अनुचित व्यवहार घोर पाप के समान है। कोमल पौधे जैसे बच्चों के हृदय को वह उजाड़ देता है। विद्यार्थियों की शिक्षक मात्र के प्रति श्रद्धा डगमगा जाती है। बच्चे अपने दिल के अन्दर दुःख की ऐसी खाई में धकेले जाते हैं कि बाहर निकलने में उन्हें वर्षों और दशकों निकल जाते हैं, वह भी वे सद्‌भागी होते हैं तो, नहीं तो जिन्दगी-भर वे पुनः आत्मविश्वास प्राप्त नहीं कर सकते।

इतना ही नहीं, जो उन्होंने देखा होता है उसे जाने-अनजाने सीख कर वे भी माता-पिता या शिक्षक की भूमिका में ऐसा हिंसक और अयोग्य बर्ताव दोहराते हैं। एक शिक्षक का अभद्र व्यवहार दूरगामी परिणाम उत्पन्न करता है। उससे परिवारों और आगामी पीढ़ियों पर नकारात्मक प्रभाव पड़ सकते हैं। भले अतिशयोक्ति लगे लेकिन ये सामाजिक-मनोवैज्ञानिक प्रभाव कटु वास्तविकता हैं। ऐसा बर्ताव कभी भी क्षम्य नहीं हो सकता, ऐसा बहुतों को लगेगा ही।

परन्तु दूसरी वास्तविकता यह है कि खराब अनुभव देनेवाले व्यक्ति के प्रति कड़वाहट अन्ततः अनुभव करनेवाले की ही शान्ति नष्ट करती है। जिस दिल में क्रोध इकट्ठा होता है, वह उसी दिल को जलाता है। यह तो ऐसे हुआ मानो दूसरे के गुनाह की सजा भी वास्तव में पीड़ित

बच्चा अनुभव करता है। और कई बार बालिग होने के बाद भी यह दिल में काँटे की तरह बहुत गहरे तक खटकता, चुभता रहता है। हम सामनेवाले व्यक्ति के स्थान पर स्वयं को उसकी जगह रखकर समझें तभी उसे माफ कर सकते हैं।

शिक्षक ऐसा अभद्र, अन्यायकारी बर्ताव क्यों करते हैं? क्या उन्हें मालूम नहीं होता होगा कि उनका व्यवहार कितना गिरा हुआ और हानिकारक है?

1. सर्वप्रथम तो, शिक्षक भी आखिर मनुष्य है। वह सम्पूर्ण या संत नहीं है। मनुष्य मात्र में जो कमियाँ हैं, वे उसमें भी हैं। शिक्षक की नौकरी मिलने से अपने-आप कोई जादू नहीं होता कि वे वत्सल, आदरणीय और सयाने बन जाएँ। ऐसे अधूरे दोषयुक्त मनुष्यों को शायद कल्पना भी नहीं होती कि उनके सिर पर कितनी जिम्मेदारी है। उनका कर्तव्य कितनी देखभाल की माँग करता है और उनके प्रत्येक व्यवहार का कितना दूरगामी असर हो सकता है।
2. हमारे देश में ज्यादातर शिक्षक एक व्यवसाय के रूप में अन्तिम पसन्दगी के तौर पर शिक्षण पसन्द करते हैं। एक तो शिक्षण यह कोई व्यवसाय नहीं है। सिर्फ आजीविका के लिए जो शिक्षक बनते हैं उनके लिए यह जिम्मेदारी ढोना ही हो जाता है और फिर वे अविचारी, बेपरवाह व्यवहार न करें तो ही आश्चर्य है न? दूसरा, जो लोग कुछ और नहीं कर सकते वे शिक्षक बनते हैं। क्या उनसे पवित्र कर्तव्य निभाने की जागृति, देखभाल या सज्जनता होने की अपेक्षा रखी जा सकती है? चपरासी को कोई ऊँचा महत्त्वपूर्ण ओहदा दे दो तो वह बेचारा क्या करेगा? बन्दर के हाथ में तलवार देने जैसी स्थिति बहुत-से विद्यालयों में होती है। अतिश्योक्ति या कठोर उपमा लगे, लेकिन यह हकीकत है या नहीं?

3. और मानो कोई पूरी सजगता से शिक्षक बनना पसन्द करता है तो उसे तालीम के नाम पर क्या मिलता है? लगभग शून्य। कोई सच्चा पुरुषार्थी हो तो वाचन, चिन्तन और आत्मनिरीक्षण से अपनी जागृति, स्वनियंत्रण और सज्जनता विकसित करता है। बाकी शिक्षा-व्यवस्था उसे कोई खास मदद नहीं करती। हमारे देश में कम्प्यूटर के क्षेत्र में कोई कमी नहीं चलने दी जाएगी लेकिन शिक्षा के क्षेत्र में ढीलापन चलेगा! हमारी शिक्षा-व्यवस्था में विद्यार्थियों से अधिकतम मार्क्स की अपेक्षा रखी जाती है, शिक्षकों के पास मानो यही एकमात्र करवाने के लिए काम होता है, जैसे किसी निर्माणकार्य में सुपरवाइजर का होता है।
4. और अन्त में, शिक्षक भी कभी बच्चे थे। क्या पता उन्हें भी प्रेम न मिला हो, उन्होंने भी मार खाई हो, बुरे-भले शब्दों और तानों-उलाहनों की वर्षा झेली हो? इसलिए उनका गुस्सा, उनके अन्दर की कड़वाहट बच्चों के सामने ही निकलेगी, चाहे घर के हों या स्कूल के। बेचारे वे खुद ही पीड़ित हैं, अपने भूतकाल की जेल में कैद हैं।

तो क्या कहने का मतलब यह है कि शिक्षकों को बेचारा मानकर माफ कर दिया जाए? उनके अयोग्य व्यवहार के प्रति सहानुभूति से देखा जाए? क्या उपर्युक्त मुद्दों के आधार पर दोषी शिक्षक अपने बर्ताव बचाव नहीं करेंगे?

यह पुस्तक पढ़नेवाले शिक्षक भी दो तरह के होंगे। एक, भले ही याचार करनेवाले हों, पर अन्तरात्मा से जीते होंगे। कम से कम वे दर से भूल स्वीकार तो करेंगे, शरमाएँगे—सच्चे हिम्मतवाले होंगे तो ाँ दोषपूर्ण व्यवहार हो गया है, वहाँ माफी भी माँगेंगे, व्यवहार सुधारने लिए जाग्रत रहेंगे और इस तरह अपने और पीड़ित विद्यार्थियों के । को भरेंगे।

जबकि दूसरी तरह के शिक्षक, विद्यार्थियों की ऐसी अभिव्यक्ति से क्रोधित होंगे। उनके अहंकार पर चोट पहुँचने से वे अधिक बचाव की कोशिश करेंगे और मन-ही-मन या बाहर अपने बर्ताव की योग्यता के बारे में दलीलें ढूँढेंगे। "आजकल बच्चे कितना बिगड़ गए हैं...", "लातों के भूत बातों से नहीं मानते...", "डंडा पड़े सट सट...कहावत ऐसे ही नहीं कही गई...." ढूँढ़नेवालों के लिए गलत दलीलों की कोई कमी नहीं है।

यह पुस्तक पढ़ने के बाद शिक्षकों की उपर्युक्त दो में से एक की पसन्दगी अन्ततः शिक्षक के तौर पर उनकी ही पात्रता साबित करेगी। मनुष्य के रूप में उन्हें भूल करने का अधिकार है, परन्तु भूल स्वीकार करना, सुधारना उनकी जिम्मेदारी भी है। सम्भवतः उनके बर्ताव के पीछे उनका सम्पूर्ण दोष नहीं है, उसमें उपर्युक्त प्रभाव भी कारणभूत हैं। लेकिन इसके बाद पुनः विचार-वाणी-व्यवहार सुधारने की उनकी पूरी जिम्मेदारी है। अगर वे ऐसा नहीं करते हैं तो उनकी भी अन्तरात्मा तो है ही, जो अन्ततः किसी को नहीं छोड़ती।

सभी दुःखी बच्चों से मेरी विनती है कि अपनी-अपनी अन्तरात्मा में सभी अपराधी हैं ही। अपराध स्वीकार भी करते हैं और आपसे माफी भी माँग रहे हैं। क्या आप उन्हें माफ करेंगे? अपने आपकी शान्ति के लिए भी ऐसा कीजिए, आज नहीं तो तुम्हें जब भी समझ में आए तब।

हालाँकि, गलत सहन न करो, आवाज भी उठाओ, लेकिन सम्भव हो तो माफ करते रहो।

इतनी बड़ी और अत्यन्त कठिन आशा केवल बच्चों से ही की जा सकती है!

—संजीव

✪✪✪